「全米最優秀女子高生」の娘が
母から教わった

世界基準の子どもの教養

ボーク重子

ポプラ社

はじめに

みなさんはじめまして、ボーク重子です。

　私は福島県で生まれ育ち、東京の大学に進学しました。大学時代に2度留学し、帰国後に外資系企業で数年働いた後、1995年にロンドンの大学院に現代美術史の修士号取得のために再度留学しました。そして留学中に夏休みを利用して行った南仏の語学学校で、元外交官で弁護士のアメリカ人に出会います。
　その後、大学院の授業が終わるのを待って、1998年に彼との結婚を機にワシントンDCに移住しました。
　そこで娘を出産し、起業することになります。

　これまで、人生の半分以上を海外で生活し、グローバル社会を牽引するリーダーたちに囲まれながらビジネスをし、グローバル社会の真っただ中で子育てをしてきて痛感することがあります。
　それは、「グローバル社会はこれまでのように一国で物事が完結していた社会とは全く違う社会。そこで生きていくためには新しい人生の知識とスキルが必要だ」ということです。

　なぜそう痛感するのか？
　それは私がグローバル社会で必要な知識とスキルを持たずに苦しんだ一人だったからです。英語と海外経験、そして外資系で働いていたので外国人に慣れているからグローバル社会で活躍できると思っていました。ですが全くダメだったのです。

それは、新しい社会で必要な知識とスキルを持っていなかったから。

　知っていれば「なるほどな」と思うことも、知らなければそれだけで損をする。知っていれば摑めたチャンスも、知らなかったがために逃してしまう。ビジネスを失うこともあれば、仕事に就けないこともあり、さらには友人を作るどころか会話にすら入っていけない。そういった経験をしました。

　グローバル社会には、グローバル社会のルールと常識があります。それを知らずに、いきなりグローバル社会へと身を投じたから私は、全くついていけなかったのです。

　どこに行っても「壁の花（＝会話の輪から外れている消極的な女性）」で一人ぼっちでした。そして一人ぼっちの母が育てる娘も、いつしかグローバル社会から置いてけぼりな、一人ぼっちの道を歩み始めていたのです。

　留学したとき、あるいはアメリカに移住した当初に、私がグローバル社会に必須の知識とスキルを持っていたとしたら、ビジネスにおいても子育てでも日常生活でも失わずに済んだ可能性やチャンスがたくさんありました。

　知らなければ損をし、知っていれば大きな財産となる。それが「私たちが生きる新しい社会＝グローバル社会」を生きるために持っておくべき知識とスキルです。

　グローバル社会で活躍する人たちは「当たり前」のようにこれらを駆使しています。そしてその知識とスキルを親から子へと伝えているのです。ですから子どもたちは自然とグローバル

社会で活躍する術を身につけていきます。私もそんな親でありたいと願いました。娘には私のように時間とチャンスを無駄にしてほしくないと思ったのです。

そこで私はグローバル社会で活躍する人を観察し、その知識とスキルは何かを発見していきました。そしてその知識とスキルを自分のために、そして子育てのために実践することにしたのです。

そうして私の人生はどんどん変わって行き、同時に娘の人生も大きく広がって行きました。

グローバル社会でやるべきこと、やってはいけないこと、グローバルスタンダードな立ち居振る舞いを知っている子どもに大人は好感を持ち、覚えているものです。それが子どもの可能性と選択肢を広げます。

また、知っているからこそ、どんな場面でも相手が誰でも自信を持って振る舞える。そんな姿は確実に他の子どもたちの目に留まり、一目置かれます。それにより、自信がつき、自己肯定感も上がります。そうしてリーダー的存在となれば、ますますいろんな機会にめぐり合うことができるでしょう。

反対に、外国人と会った途端におどおどするようではこれからの社会では引き立てられないでしょう。

自国や自分のスタンダードで全てを押し通そうとすれば孤立します。それではグローバル社会ではやっていけません。ロンドンで、そしてアメリカ移住当初の私がそうだったように。

ですから我が家では、子育てにおいてグローバル社会で活躍する人が共通して身につけている知識とスキルに関する教育を

徹底させたのです。

　ますますグローバル化が進む現代において、子どもにとっても、そしてその手本となる親御さんにとっても、グローバル社会で活躍する人とその子どもたちが実践している知識とスキルを持つことは大きな武器となります。
　グローバル社会で大きなポテンシャルを持つ日本の皆さんが、より多くのグローバル社会で活躍するお子さんを育てるために、ぜひとも子育ての参考となる一冊に加えていただけたら嬉しいです。

2019年2月
ボーク重子

目 次

はじめに **1**

序章 | グローバル社会で必須の6つの資質

グローバル以前の思い違い **22**
グローバル社会に必須の「共通点」に気づいたきっかけは
2歳の娘 **24**
グローバル社会で活躍する人たちが持つ6つの共通点 **26**

第1章 | 目に見えない教養1 リベラルアーツを学び自分の意見を持つ

1 リベラルアーツとは何か — **30**
傍観者で終わらないために **30**
意見を持つ術を知らなかった私と
リベラルアーツの出会い **31**
リベラルアーツとは知識の集積ではなく
意見の構築を助ける学問 **32**

2 リベラルアーツ教育が主流のグローバル社会 — **36**
社会が求める人材 **36**
コロンビア大学のリベラルアーツ教育 **37**

3 幼児期から始まる
リベラルアーツ教育 ……… 40

幼児期のリベラルアーツ教育 ……………………………………… 40

小学生〜高校生では何を学ぶか ……………………………… 42

4 家庭でできるリベラルアーツ教育1
自問することで意見の芽を育む ……… 44

自分の意見を持つ第一歩、それは自問すること ………………… 44

選択肢を与えて自問する機会を作る ……………………………… 44

究極の自問「自分の人生をどう生きるのか？」の
問いに答える …………………………………………………………… 45

5 家庭でできるリベラルアーツ教育2
論理的な意見構築のために
論理的思考法を取り入れる ……… 48

考えるとは感じることとは違う ……………………………………… 48

第一段階──ロジカルシークエンスを取り入れる …………… 49

第二段階──Pros&Cons表を取り入れる ……………………… 50

自問＋論理的思考は人生を切り開く最強のツール …………… 51

6 家庭でできるリベラルアーツ教育3
議論で子どもが意見を言う
機会を増やす ……… 54

家族の会話の仕方を変える ………………………………………… 54

食事の時間を最高に楽しい議論の時間にする ………………… 56

学校の勉強を議論のトピックにして
知識を使える知識にする ……………………………………… 56

普段話さないようなことをトピックに選んでみる …………………57

7 家庭でできるリベラルアーツ教育4
本をリベラルアーツ的に
生活に取り込む……… 58

本の読み方を変える ……………………………………… 58

本に親しむための環境を作る ……………………………… 59

我が家で読んだリベラルアーツ力を育む本 ……………… 59

今アメリカで一番読まれている本を読む……………………… 59

8 家庭でできるリベラルアーツ教育5
情報をリベラルアーツ的に
取り込む……… 62

新聞や雑誌・ネットニュースを使って
意見構築の練習をする……………………………………… 62

同じトピックの本を何冊も読んで
自分の意見を作っていく ……………………………………… 64

9 家庭でできるリベラルアーツ教育6
ポピュラーカルチャーを
意見構築の道具にする……… 66

ポピュラーカルチャーは
自問と意見構築・発信の道具となる ……………………… 66

YouTubeチャンネルのリベラルアーツ的使い方 ………… 67

意見を構築しながらグローバル社会を知る
オススメのテレビ番組……………………………………… 67

第2章 目に見えない教養2 Causeという自分らしい社会との関わり方を持つ

10 Causeは共感力と繋がりという「人間力」 ... 72
- 自分が住む社会への無知と無関心は受け入れられない ... 73
- Causeとは何か ... 74

11 Causeが形づくるグローバル社会 ... 76
- Causeが生んだ新しいビジネスの形態がグローバル社会を発展させる ... 76
- グローバル社会を救済するThe Giving PledgeというCause活動 ... 79
- 縮小する公的機関の補助を補うCause ... 80
- 税金控除が促進するCause活動 ... 81
- 高い認知度で世界的なことを成し遂げるCause活動 ... 82
- 「全米最優秀女子高生」大学奨学金コンクールで私が見たCause ... 84

12 次世代のグローバル社会で活躍する人を輩出するアメリカエリート校のCause教育 ... 86
- Causeがなければエリート大学には合格できない ... 86
- 4歳から始まるCause教育 ... 90

13 幼児期から始める家庭で実践する Causeの育み方 … 92

親がCauseの意識を持つことで
子どものCauseの芽を育む … 92

Causeは「自分にできることは何か」の質問で育む … 93

Causeは家庭でのお手伝いから始める … 93

コミュニティーサービスという身近にある
Causeに参加する … 94

好きなことを軸にしてCauseに参加する … 95

親子でCauseに参加する … 96

子どものCauseを応援する … 97

私とCause … 98

娘スカイとCause … 99

第3章 目に見えない教養3 教養あふれる会話と会話術を身につける

14 魅力あるコミュニケーション1
グローバル社会の メンタリティーを身につける … 102

グローバル社会のメンタリティーを知らずに
英語で失敗した私 … 102

グローバル社会に求められる
ポリティカリーコレクトなメンタリティー … 104

グローバル社会のジェントルマンに求められる
メンタリティー … 104

素敵な男性の基本は
「女性は同等の人間として尊敬すべき存在」 ……… **105**

これからを生きる女性に必要なのはガールパワーという
メンタリティー ……… **106**

「女の子だってなんだってできる！」が
ガールパワーのモットー ……… **106**

日本の「女子力」と「ガールパワー」の違い ……… **107**

声にみる「女子力」と「ガールパワー」 ……… **108**

15 魅力あるコミュニケーション2
ポリティカリーコレクトを実践する ……… **110**

ポリティカリーコレクトのルール1
ポリティカリーコレクトは言葉で示す ……… **110**

ポリティカリーコレクトのルール2
知っておくべきポリティカリーコレクトな言い方 ……… **112**

ポリティカリーコレクトのルール3
ジェンダーニュートラルな対応を心がける ……… **114**

16 魅力あるコミュニケーション3
議論のルールを守る ……… **116**

会話の上手下手に内向的か外向的かは関係ない ……… **116**

議論のルール──会話のキャッチボールを心がける ……… **117**

17 魅力あるコミュニケーション4
アイスブレーカーを用意する ……… **120**

アイスブレーカーとは ……… **120**

18 魅力あるコミュニケーション5
困ったときの対処法を知っておく …… 122

個人的な質問や答えたくない質問をされたときには
「答えたくない」と言ってよい …… 122

誰かがポリティカリーコレクトではない単語を使ったり、
発言をしたりした場合 …… 124

海外で「あなたの宗教はなんですか？」と聞かれたときの
対処法 …… 124

19 魅力あるコミュニケーション6
好感度の高い英語を話す5つのスキル …… 126

スキル1 4つのマジックワードを徹底的に使う …… 126

スキル2 英語で話すときは
「言い訳フレーズ」で始めない …… 128

スキル3 発音は気にしない、大切なのは正しい文法と
語彙力 …… 128

スキル4 耳に心地よくない省略形は使わない …… 130

スキル5 英語で会話を続けるコツを身につける …… 130

20 魅力あるコミュニケーション7
子どもの大人と話す力の鍛え方 …… 132

大人から子どもに与えるチャンスは平等ではない …… 132

グローバル社会では大人と子どもの距離が近い …… 133

大人と話す力の鍛え方 …… 133

オバマ前大統領（当時上院議員）の隣に座った娘、スカイ …… 134

21 魅力あるコミュニケーション8
親子で一緒に学ぶことが
子どもの英語力を伸ばす ········ 136

子どもの英語力の伸ばし方1
親子で教科書を徹底攻略 ········ 136

子どもの英語力の伸ばし方2
先生と生徒役になって親子で一緒に学ぶ ········ 137

子どもの英語力の伸ばし方3
好きな分野の語彙を増やす ········ 138

子どもの英語力の伸ばし方4
親子で英語の料理本のレシピを見て作る ········ 138

子どもの英語力の伸ばし方5
読む力が確実に英語力を上げる ········ 139

子どもの英語力の伸ばし方6
留学は英語の習得に有効か？ ········ 140

第4章 目に見える教養1
グローバル教養に欠かせない「外から見た印象」

22 目に見える3つの教養とは ········ 142
知らなければ「好ましくない人」となる ········ 142

23 外から見た印象の教養度をあげる1
自分らしい健康体 ········ 144

自分らしさを肯定する ········ 144

自分らしい健康体を愛する自己肯定感は
十分な睡眠から始まる ········ 145

「痩せているほうが美しい」という
従来の美の基準の弊害 ……… 146
自分らしい健康体のために
子どもに言ってはいけない一言 ……… 147
自分らしい健康体のために体重計を置かない我が家 ……… 148
体重計の代わりに基準服を設ける ……… 149
グローバル社会のトレンドは「細く」ではなく「強く」 ……… 149
女性も男性も子どもも筋力アップの
トレーニングをする ……… 150

24 外から見た印象の教養度をあげる2
ボディーランゲージを正しく使う ……… 152

25 外から見た印象の教養度をあげる3
清潔感は究極の
グローバルスタンダード ……… 154

清潔感は普遍のグローバルスタンダード ……… 154
歯：白くまっすぐな歯は清潔感の代表選手 ……… 155
爪：握手の文化では意外と目立つのが爪 ……… 157
体臭と香水：強すぎれば不快感マックス ……… 157
タバコ：タバコのにおいは決して歓迎されない ……… 158
マスク：清潔感より奇異感が先立つ ……… 159

26 外から見た印象の教養度をあげる4
グローバル社会では
ドレスコードを守る ……… 160

個性よりも似た者同士という安心感 ……… 160
ドレスコードとは ……… 160

普段着のドレスコードはカジュアルシック ……………………… **161**

きらびやかな時代は終わり ……………………… **162**

大人の女性のカジュアルシックのお手本は
ジャッキー・OとヘップバーN ……………………… **163**

子どものカジュアルシックのお手本は
グレース・ケリーのプレッピー ……………………… **165**

男性の永遠のアイコン、スティーブ・マックイーンは
カジュアルシックの先駆者 ……………………… **166**

男の子はプレッピー率が高い ……………………… **167**

我が家が子ども服にあまりお金をかけなかった理由 ……………………… **167**

27 外から見た印象の教養度をあげる5
公式な場でのドレスコード一覧 …… **170**

ビジネス ……………………… **170**

カジュアル ……………………… **172**

フェスティブ ……………………… **172**

子どものドレスコード ……………………… **174**

迷ったら「ドレスダウン」 ……………………… **174**

第5章 目に見える教養2
グローバル教養あふれる食事の仕方

28 食事のマナーは
成功と失敗の命運を分ける …… **178**

食事の仕方はその人を表す ……………………… **179**

一般的なテーブルマナーは
コンチネンタルとアメリカンがある ……………………… **179**

カジュアル、よそ行き、フォーマル、
3段階ある食事のマナー ······ 180

グローバル社会では必須の
フォーマルダイニングの知識 ······ 181

基本的な食事のマナーは家庭で習慣にする ······ 183

29 子どもが知っておくべき食事のマナー1
日本とは異なる時間厳守を知る ······ 184

イベントや自宅にお呼ばれしたときは
遅れて行くのがマナー ······ 184

約束の時間にかなり遅れることはマナー違反 ······ 185

30 子どもが知っておくべき食事のマナー2
食事の流れと守るべき基本的マナー ······ 186

基本的な食事の流れとマナーを知る ······ 186

食事の流れ1 席に着く ······ 186

食事の流れ2 料理が出てくる順番 ······ 187

食事の流れ3 食事中 ······ 188

食事の流れ4 食事中席を立つときは ······ 188

食事の流れ5 食事を終えたら ······ 189

31 子どもが知っておくべき食事のマナー3
友人宅やレストランでの我が家のルール ······ 190

友人宅に子どもがお呼ばれしたときの振る舞い方 ······ 190

レストランでの振る舞い方 ······ 190

レストランでの支払いのマナー ······ 191

レストランでのチップの払い方 192
レストランでのドギーバッグはマナー違反？ 192
レストランにある楊枝で歯の掃除をしてもいい？ 193

32 子どもが知っておくべき食事のマナー4
こんなときどうする？ 194
これってどうやって食べればいいの？ 196
私の「こんなときどうする」エピソード 197

33 子どもが知っておくべき食事のマナー5
お酒との関わり合い方 200
未成年者とお酒に関しての注意点 200

34 子どもが知っておくべき食事のマナー6
基本のテーブルセッティング 202
基本的テーブルセッティングを知る（コンチネンタル） 202
ナプキンの基本的な使い方 202

第6章 目に見える教養3
グローバル社会でネットワークを築くための社交のルール

35 グローバル社会における社交行事と社交のルール 208
社交のルールで大きなアドバンテージを持つ日本人 208
社交のルールの基本は自ら参加すること 209

社交行事の基本的な流れ ……………………………………… **210**

36 グローバル社会の社交行事のコツ1
挨拶を徹底的に身につける …… **212**
　　紹介の仕方・され方とその順番 ………………………………… **212**
　　紹介されたときの受け答え ……………………………………… **214**
　　こんなときどうする ……………………………………………… **214**
　　正しい握手のルール ……………………………………………… **219**
　　誰が先に握手の手を差し伸べるのか …………………………… **219**
　　こんなときどうする ……………………………………………… **220**
　　キスやハグについて ……………………………………………… **221**
　　子どもと大人の挨拶における握手 ……………………………… **222**
　　子どもが大人に挨拶するときの正しい大人の呼び方 ………… **223**

37 グローバル社会の社交行事のコツ2
自己紹介で大切なのは
自分を魅せるテクニック …… **224**
　　自分を「魅せる」ことができないのは「つまらない人」 ……… **224**
　コツ1　長すぎず短すぎず ……………………………………… **225**
　コツ2　謙遜しすぎず宣伝にならない程度に
　　　　　自分の業績をさらっと含む ……………………………… **225**
　コツ3　グローバル社会の自己紹介で
　　　　　最も大切なことはパッションとCause ………………… **226**

38 グローバル社会の社交行事のコツ3
Mingleの基本を身につける …… **228**
　　社交イベントの基本はMingle …………………………………… **228**
　　Mingleの基本、人から人への移り方をマスターする ………… **229**

ネットワーク上手になる秘訣は「反対向きの矢印」 ･･････････････ **229**
私のネットワークが広がるきっかけとなったMingle ･･････････････ **230**
意外なMingleのコツ ･･････････････････････････････････････ **231**
今まで行ったイベントで一番感動的だったMingle ･･････････････ **231**
Mingleのジレンマ、ドアを開けるべきか否か ･･････････････････ **232**
女性は男性の前を歩くほうが素敵に見える ････････････････････ **233**

39 グローバル社会の社交行事のコツ4
気持ちの良いゲストになる ･･････････ **234**

気持ち良いゲストであるために1
守るべきイベント前の社交ルール ･･････････････････････････ **234**

気持ち良いゲストであるために2
イベント後の社交ルール ･･････････････････････････････････ **236**

気持ち良いゲストであるために3
ホステスギフトという社交ルール ･･････････････････････････ **236**

気持ち良いゲストであるために4
乾杯の社交ルール ･･ **237**

気持ち良いゲストであるために5
お酒を飲む場合の社交ルール ･･････････････････････････････ **238**

気持ち良いゲストであるために6
イベントへの入場と退室の社交ルール ･･････････････････････ **239**

40 グローバル社会の社交行事のコツ5
自宅にお客様をお招きするときの
必須の知識 ･･････････････････････････ **240**

良いホスト・ホステスであるために1
招待状の基本 ･･ **240**

良いホスト・ホステスであるために2
やることルール ･･ **241**

良いホスト・ホステスであるために3
やらないことルール ……… **242**

良いホスト・ホステスであるために4
「靴を脱いでください」は許される？ ……… **242**

良いホスト・ホステスであるために5
失礼なゲストがいたらどうする？ ……… **243**

41 子どもの社交マナー ……… **244**
子どもたちの交流の場でのルール ……… **244**
ペットへの対応 ……… **247**

42 社交の場でやってはいけないこと ……… **248**
アジア圏のFaux Pas ……… **248**
ヨーロッパ圏のFaux Pas ……… **249**
アラブ圏のFaux Pas ……… **249**
アメリカのFaux Pas ……… **249**

おわりに ……… **251**

○ 著者エージェント
　アップルシード・エージェンシー
　（http://www.appleseed.co.jp/）

○ 編集協力
　肥田倫子

○ 本文デザイン
　藤塚尚子（e to kumi）

序　章

グローバル社会で必須の6つの資質

グローバル以前の思い違い

　みなさんは、日本で外国人と仕事やプライベートで対応したり、海外出張・海外赴任・海外留学などでこのように感じた経験はありませんか。

　英語は話せるけど話の輪に入っていけない、会合で発言できない、自信がない、いろんな人が集まる場で浮いていて気がつくと壁の花になっている、周りはどんどん活躍していくのに私は置いてけぼり、参加者というよりも傍観者、外国人との距離が縮まらない、海外に住んでいるのに外国人で友人と呼べる人ができない……。

　ロンドンに留学したときもアメリカに移住した当初も、私は「いちおう英語が話せるし、外国人にも慣れているから、グローバル社会で十分やっていける」と思っていました。
　ところが全然ダメだったのです。私はグローバル化が進む社会に入って行くことができませんでした。

　ロンドンに留学したときのことです。私が通った大学院は、世界に名だたるオークションハウス、サザビーズが運営する学校で、国境を超えた現代アートとビジネスを融合させた授業をすることで知られていました。そこには世界中からお金持ちや王侯貴族や著名人の子女が集まります。そうかと思えばアートビジネスに憧れる私のような普通の学生もいます。
　人気の理由は授業の内容だけではありません。実際のオーク

ションハウスの仕事をボランティアとしてお手伝いすることも大きな魅力でした。

　学生なら誰でもチャンスはあり、世界各国の顧客が集まるイベントのお手伝いをするのがいちばん実地訓練とネットワークに良いポジションで、面接を終えた後、現代アートを学ぶ学科の学生のほとんどはイベント部門に配属されました。

　ですが、私に与えられた仕事はオークションに出品される「豚の彫刻磨き」。

　なぜだろう──。理不尽な思いを抱えながらも、私は一生懸命豚を磨いたのです。

　２年後。今度の舞台は世界中のパワーが集まるワシントンDC。夫が弁護士で元外交官という関係で、ありとあらゆるイベントに一緒に出席することになります。

　各国の大使と握手をし、テレビで見るようなジャーナリストや政治家に著名な作家やハリウッドの俳優らがそこら中にいる。そんななか、自己紹介の後に相手の目は私を通り越し、いつの間にかいなくなり、私はいつも「壁の花」になっているのでした。

英語と数年にわたる海外経験だけでは、グローバル社会で活躍するには足りない？
英語がネイティブではないから？
ヨーロッパ系ではないから？
お金持ちではないから？
成功していないから？
人脈がないから？

エリート大学を出ていないから？
キャリアがないから？
男性ではないから？
……。

　結局こういった資質がないと世界を舞台に活躍できないのか。そんな思いが続いたある日、私は大きな思い違いをしていたことに気がつきます。

グローバル社会に必須の「共通点」に気づいたきっかけは2歳の娘

　国際化・多様化の進むグローバル社会でどんどん活躍していく人と、「壁の花」となる私の違いはどこにあるのだろう。
　その理由を見つけるきっかけを作ってくれたのは、当時2歳の娘でした。

　私は娘と一緒に、初めてワシントンDCの住宅街にあるプレイグループに参加します。プレイグループにもいろいろありますが、私が選んだのはご近所に住むママたちが集まって共同運営する遊び場のようなもので、先生も雇い、月曜日から金曜日まで午前中2時間一緒に時間を過ごすというものでした。
　私が住んでいるのはジョージタウンというところで、ここは昔から政財界の著名人が住むことで有名でした。過去にはケネディ大統領が上院議員のときに住んでいたり、マデレーン・オルブライト国務長官やジョン・ケリー国務長官もご近所でした。

また、ヨーロッパ的な町並みと、近くにジョージタウン大学やインターナショナルスクールがあることから国際色豊かでもあります。

このプレイグループには、ジョージタウンに住むいろんなママと子どもたちがやってきます。働いているママ、専業主婦、起業家もいればパートタイマーのママもいる。有名人の奥さんもいれば移民もいる。出身地も様々でヨーロッパ各国、アメリカ人、中東にアフリカ、そしてアジア系である娘と私。

そこで一緒に童謡を歌ったりお遊戯をしたり子どもたちが遊ぶのを眺めたりするのですが、私と娘は6ヶ月経っても浮いたままでした。

アクセントのある英語を話すのは私だけではありません。エリート大学出身でないママもたくさんいます。みんなが違う大学出身で、キャリア構築中のママもいれば、アメリカの童謡を知らない人もいます。移民も私だけではありません。

だけど、どういうわけかみんなどんどん繋がっているのです。そしてなんだか楽しそう。そこに私は入っていけない。だから娘もプレイグループの後のランチや誰かの家での集まりには誘ってもらえない。

そのとき、初めて私は**「英語も人種も超えたどこかで繋がる何かがあるに違いない」**と気がついたのです。

それまで私はお金も人脈もキャリアも何もない自分がダメだからと思っていたのですが、プレイグループに来るママたちに比べてもそういった面では私が特に劣っているというわけでもなさそうだったからです。だけど何かが確実に違っている。

そこで私は、プレイグループに来るママたちを観察することにしたのです。

同時に夫の関係で出かける世界中のパワーが集まる政治経済関連のイベントでも、各国大使館のイベントでも、社交関連のイベントでも徹底的に世界中から集まる参加者たちを観察することにしました。すると、ある「目に見えない共通点」が見えてきたのです。

そしてサザビーズで出会った人たちの行動を思い起こし、そこにまたまた共通点を感じることができました。それは「どうして私は『壁の花』で、他の人たちはもっと活躍できる場所に出て行けたのか」の答えでもありました。

よくよく考えてみたら夫にもその共通点があったのです。私はよく「なんだか夫と私は違っているなあ」と性格や人種を超えたところで感じていたのですが、その理由がわかった気がしました。

観察を続けるうちに「目に見える共通点」も見えてきました。

そうして娘のプレイグループですら仲間に入れなかったことをきっかけに、グローバル化する社会でどんどん人と繋がり活躍の場を広げ、生き生きと生きる人々には6つの共通点があることに気がつくのです。私はこれをグローバル社会に必須だから**「グローバル教養」**と呼ぶことにしました。

グローバル社会で活躍する人たちが持つ
6つの共通点

人々の生活が一国で完結していたときには、グローバル社会

で活躍しようと思ったときに、男性・名門校出身・お金持ち・家柄という「共通点」が必要でした。

ですが、国際化や多様化が進むグローバル社会で活躍する人たちには従来のリーダーたちが持っていたのとは違う「共通点」があります。過去の当たり前にしがみついていたら、確実に「置いてけぼり」です。グローバル社会で活躍する人たちは、全く違った共通点でつながっているからです。

私が「グローバル教養」と呼ぶ、6つの共通点とは、以下の通りです。

1 **目に見えない教養1：リベラルアーツを学び自分の意見を持つ**
2 **目に見えない教養2：Cause という自分らしい社会との関わり方を持つ**
3 **目に見えない教養3：教養あふれる会話と会話術を身につける**
4 **目に見える教養1：グローバル教養に欠かせない「外から見た印象」**
5 **目に見える教養2：グローバル教養あふれる食事の仕方**
6 **目に見える教養3：グローバル社会でネットワークを築くための社交のルール**

グローバル教養に気づき、身につけた後の私は「アジアの美しさとパワーをアメリカの人に紹介したい」との思いから、2004年にアジア現代アート専門ギャラリーをワシントンDCに開きます。

当時は、東海岸でもアジア現代アートに特化したギャラリー（Shigeko Bork mu project）は、たった2〜3軒と少なく、ワシントンDCでは初でした。

「欧米が中心だったアートの世界で、まだ市場すら確立されていないアジア現代アートを専門にするのは無謀」との常識から、「絶対に失敗する」と業界人からもコレクターからも言われました。

ですが私のギャラリーは、中国経済の急成長やアジアへの関心の高まりなどグローバル化の波に後押しされ1年で軌道に乗ります。そしてワシントン・ポスト紙のアート欄の常連となり、世界の主要アート雑誌に掲載され、当時の副大統領の奥様や名だたる世界のアートコレクターを顧客に持ち、トップギャラリーの仲間入りを果たします。

私のアートビジネスは、人種も国境も超え、グローバル化とともにどんどん大きくなっていきました。

グローバル社会についていけず「壁の花」だった私。そんな私が夢だったギャラリーのオープンにこぎつけ、ワシントンDCというパワーが集中する都市での活動を評価され、オバマ前大統領（当時上院議員）と同じ賞をいただくことになりました。それはグローバル教養を身につけたからだと思っています。

「グローバル社会で活躍するために必要な知識とスキルを娘に伝えたい」

その一心で私が学んできたことを通して、本書ではグローバル社会の子育てに役立つ、6つのグローバル教養を実践法とともにご紹介します。

第 1 章

目に見えない教養 1

リベラルアーツを学び
自分の意見を持つ

01
リベラルアーツとは何か

　グローバル社会で活躍する子どもを育てるときに大切な第一歩は、**自分の意見を持つ子を育てる**、ということです。

傍観者で終わらないために

　ビジネスも日常生活も、私たちを取り巻く問題も国境を超えて広がるグローバル社会は次々と新しいことが生まれ、今までよりずっと自由で選択肢と可能性にあふれています。それは敷かれたレールがない世界のようなものです。

　そのような世界では自分で考えて人生を切り開いていかないといけない。なのに「こうしなさい」という指示待ちをしていたら、その人は置いてけぼりにされることでしょう。誰も面倒をみてはくれません。

　グローバル社会ではいろんな意見があって、ディスカッションがあって、そこから協働してより良い最適な解決法を生み出していきます。そこに参加できるのは自分の意見を持つ人だけです。自分の意見を持たない人や指示待ちの人は傍観者で終わってしまいます。

　自分の意見を持っていなかった私はロンドンの大学院留学初日にグローバル社会の壁にぶつかりました。

意見を持つ術を知らなかった私と
リベラルアーツの出会い

　できるだけ効率的に覚えるべきことを覚える、という教育で育った私は、スライドを見せられればアーティストの名前も作品名も素材も年代も百発百中なのに、「どうしてあの美術館は今この展覧会を企画しているのか？　自分ならどんな展覧会を企画するか？」と問われると一言も発することができませんでした。

　授業は講義ではなくディスカッションがベースですが、私は全く参加できませんでした。どうやって自分の意見を構築していいかわからなかったから。

　ですが他の学生はというと、生き生きと意見交換をしているではありませんか！　私が日本で教えられてきた「先生や親の言うことをそのまま実行するのが良い子」という考え方とは、全く逆としか言いようがありません。

　宿題として自分の知りたいことをトピックにレポートを書くように言われたとき、「わかりません。先生が決めてください」と言ったら流石に呆れられて、「君は知りたいことがないのか？」と逆に質問されてしまいました。

　質問するように言われても「間違っていたらどうしよう」と舌が絡まったようになってしまう私に、教授は「自分の意見に正解も間違いもない。だからどんどん質問しなさい」と言ってくれました。

　ほかにも、持っている知識の応用の例として時事問題を扱ったお芝居を観にいくように勧めてくれたり、同じ展覧会の評論

でも全く違った視点から書かれたものを見せてくれたりして、持っている知識を繋げて応用し、自分なりに考える方法を示唆してくれたのです。また偉い人が言ったことだからと鵜呑みにする必要はない、ということも教えてもらいました。

　私は生まれて初めて**「知識を応用して、自分で考え自分の意見を構築する」**ことを実感したのでした。そして自分の意見に自信を持つということも。

　この思考の方法が「リベラルアーツ」と言われるものです。

　自分の意見を持つことが必須のグローバル社会では、多くのリーダーを輩出する大学のほとんどがリベラルアーツ教育をしています。

　自分の意見を構築するためにはこのリベラルアーツ的思考力を身につけることが重要だと思います。

リベラルアーツとは知識の集積ではなく 意見の構築を助ける学問

　リベラルアーツについて、もう少し詳しく説明したいと思います。

　大学教育の中で使われているリベラルアーツという言葉。日本語では「一般教養」と訳されていますが、リベラルアーツを「一般的な知識の集積」と捉えると、その本質を見失います。

　私はイギリスでリベラルアーツに出会いましたが、ヨーロッパ、そして特にアメリカの大学ではこの教育法が主流となっています。

　世界のエリート大学の中でも、特にリベラルアーツ教育で有

名なニューヨークにあるコロンビア大学に通う娘が、リベラルアーツについて実にシンプルに表現していたので、まずはその言葉を紹介したいと思います。

2018年の夏に東京で行った子育てに関する講演会で娘と対談したときのことです。集まってくださった観客の方から「日本とアメリカの教育の一番の違いはなんだと思いますか？」という質問が娘に向けられました。

それに対し、娘は次のように答えたのです。

「日本の大学は入学した学部で、専門的なことを系統立てて学ぶと思いますが、アメリカの大学では、自分を知り、広い世界をより深く知り、『自分はどう生きたいのか』を自由な心で考え、自分らしく行動することを学んでいきます。自分で考えるには知識という基礎が必要なので、その基礎を作るために、あらゆるサイエンスとアートの分野の知識を身につけいろんな考え方を学ぶのです。そうして自分らしい意見を構築する方法を学んでいきます。ですから授業は講義ではなく知識をもとにして自分の意見を出し合うディスカッションがベースです」

娘の答えを聞いたとき、リベラルアーツの本質がはっきりと見えた気がしました。

リベラルアーツは自分を知り、自分の意見を構築することを育む教育です。

そもそもリベラルアーツは、奴隷制度のあった古代ギリシャで、考えることを許されない奴隷ではなく、自ら考えるという特権を持った「自由人」として生きていくためにその思考の基

礎を身につけるべく修める諸学問として生まれたものです。

　多岐にわたっていたリベラルアーツは、古代ローマで「自由7科」として体系化され、言語系の文法学、論理学、修辞学の3学と、そして数学系の算数、幾何、天文、音楽の4科が現在のリベラルアーツの原型になっています。

　その最終目的はこれらの知識を使って論理的に考え、どう自分の意見を作っていくか、どのように問題解決に応用していくか、です。ですから、リベラルアーツを知識の集積と考えると本質を見失うのです。

　世界大学ランキングのトップに入る大学のほとんどがリベラルアーツを教えていて、専門的な知識は大学院に行ってから学べばいい、というのがグローバル社会では一般的な考え方です。

1 リベラルアーツとは？

(ボーク流) リベラルアーツとは？

→ 自分を知り、
自分の意見を構築することを育む教育

そもそもリベラルアーツとは、
古代ギリシャにおいて自ら考えるという特権をもった
「自由人」として生きていくために
その思考の基礎を身につけるべく修める学問。

古代ローマの「自由7科」

3学

「文法学」「論理学」「修辞学」

4科

「算数」「幾何」「天文」「音楽」

02

リベラルアーツ教育が主流のグローバル社会

社会が求める人材

　Association of American Colleges and Universities（全米ユニバーシティー・カレッジ協会）が、グローバル化が進むアメリカの企業を対象に「どのような人材が欲しいか」を聞いたところによると、99%の企業が**「論理的思考ができ、議論力と問題解決能力に優れていることが、専門知識を身につけているよりもずっと重要である」**と答えたとのことです。

　また大学には、「もっと論理的思考法、複雑な問題解決能力、文書でまた口頭でのコミュニケーション能力、持てる知識の実社会での応用に力を入れてほしい」としています。

　企業が求める人材、社会が求める人材はまさにリベラルアーツ的思考力を持つ人なのです。また、リーダーとして活躍する人の多くが、リベラルアーツ教育を重視する大学出身だというのはよく知られた事実です。

　情報を集め、分析検証し、論理的な自分の意見を構築するというリベラルアーツ的思考力がなければ、グローバル社会を牽引する多くのリベラルアーツ的思考を身につけた人と協働作業していくのは難しいでしょう。

コロンビア大学のリベラルアーツ教育

　ここで、「コアカリキュラム」というリベラルアーツ教育プログラムを採用する、リベラルアーツ教育で世界的に有名なコロンビア大学を例にとり、実際のリベラルアーツ教育がどんなものか見てみましょう。

　コロンビア大学では、全員が必修しなければならないリベラルアーツ教育の根幹であるコアカリキュラムについて次のように説明しています。

　「コアカリキュラムは学生が人間の存在に関して最も根本的な問いに取り組み、今自分たちが生きるこの社会がどのような過去を経て形成されたのかを深く考えるためのものである。このカリキュラムは、ディスカッションや論文を通して、学生の分析力、明快で説得力のある論証力、論理的表現力を鍛えるものである。この複雑な社会において熟考した上で判断できる能力を育むものである」

　まさに「何のために生きるのか？」「どう社会と関わっていくのか？」という自分で考える力を鍛える教育です。変化の激しいグローバル社会においては、知識の集積に終わらないこうした人間力の育成が求められるのです。

　先人の優れた知識を集積し、思考法を学び、自分の意見構築に役立てていく。もちろん授業はディスカッションベースです。テストはエッセイ（論文）形式で自分の意見を書きます。

　コアカリキュラムの具体的な内容は、古典、現代文明、エッ

セイと言われる論文の書き方、アート、音楽、サイエンス、グローバルスタディー、外国語、体育などです。

　ニューヨークという土地をフルに活用し、実物のアートや音楽などに触れ、安倍首相やクリントン元大統領をはじめとする各界の著名人を「レクチャラー（講師）」として招き、彼らの考え方や人間性そして経験に触れ、古代文明とともに最先端の科学を学び、グローバルスタディーでは海外で学ぶことで世界を肌で感じるとともに自分をより深く知ります。

　課題図書には、プラトンの『国家』、アリストテレスの『ニコマコス倫理学』、聖書、ルソーの『社会契約論』、ミルの『自由論』、ニーチェにギリシャ神話というように、コアカリキュラムが始まって100年近く変わらない古典の名著が並びます。

　そういえば、娘は夏休みにイリアッドとプラトンを読んでいました。

2 コロンビア大学の課題図書の例

プラトン『国家』

プラトンの著作は、プラトンの師匠であるソクラテスがさまざまな人物との問答をまとめた書き方になっています。「正義について」との副題がつけられていてプラトン対話篇中の最高峰とも言われています。

アリストテレス『ニコマコス倫理学』

古代ギリシャの哲学者、アリストテレスの著作を息子のニコマコスらが編集した倫理学の古典的研究の書。

聖書

聖書はキリスト教の聖典で旧約と新約からなります。特に旧約聖書には「天地創造」「楽園追放」「カインとアベル」「ノアの箱舟」「バベルの塔」など日本人にも馴染みのある話が多く含まれます。

ルソー『社会契約論』

フランスの思想家、ジャン・ジャック・ルソーが18世紀半ばに書いた政治哲学の本。

ミル『自由論』

イギリスの哲学者、ジョン・スチュアート・ミルによって19世紀半ばに書かれた自由に関する政治学の本。

03

幼児期から始まる
リベラルアーツ教育

　グローバル社会を牽引していく大学以前のエリート校でも、当然のことながら幼稚園から知識を応用して自分の意見を持ち、それを論理的に表現する訓練をしています。これがなければエリート校への合格は難しいからです。

　幼児期のリベラルアーツ教育　

　実際に大学以前の子育ての時期に、どのようにリベラルアーツ教育が行われているのかを、グローバル社会を牽引する多くのリーダーを生み出している、娘が卒業した学校を例に見てみましょう。

　娘は4歳から私立の一貫校（ワシントンDCの政財界の子女が通うことで有名。また全米私立校トップ30にも入っている）に通いましたが、そこでは4歳から始まる幼稚園ですでにリベラルアーツの考え方が取り入れられていました。

　たとえば、足し算は一度先生が黒板に書いてお手本を見せてから、今度は「みんなはどんな方法でやってみる？」という具合に先生が質問を投げかけて、子どもが黒板の数字をリンゴや指に応用して、好奇心を持ち、自分なりに答えにたどり着いていくように導きます。

結局は同じ答えにたどり着くのですが、正解という答えよりも、手本を見て得た知識を自分なりに応用し、自分で考えてたどり着く過程を重要視するのです。だから「1＋1＝2」のために、授業1コマ50分を全部使ったりします。

そして授業中は「自分はこんなふうに結果にたどり着いた」と、自分の意見について論理的に順を追って伝えることが求められます。さらにそこから、どうしてその方法を選んだのか、などのディスカッションが始まるのです。

また4歳から「Show & Tell（ショー・アンド・テル）」という自分が選んだトピックに関して発表する時間がありました。まだ字がよく読めない幼児期だからこそ、トピックに関するものを持ってきて見せ（Show）、そして話す（Tell）ことから、Show & Tell と言われています。

子ども一人ひとりがどんなことを知りたいのか、知るためにはどんな情報を集めたらいいか、集めた情報はどう使うか、そして自分はどう思うかを考えて発表します。

その後には必ずQ&Aの時間があって他の子どもたちから質問が出たり、「こうしてみたら？」「うちではこうやっているよ」といった意見やアドバイスまで飛び交ったりします。そこから自然とディスカッションが生まれます。

いろんな考え方や観点に触れることで、自問したり、好奇心が刺激されたりし、思考力や自分の発想の幅を広げることができるのです。

こうして子どもたちは、リベラルアーツ的考え方に4歳から触れます。

ちなみに子どもが発表するときは親も見学に行けるのですが、娘が4歳のときの発表はペットの金魚のお世話についてでした。

　娘はペットショップに行ってお世話の基本的なことを聞き、金魚を飼っているお友達に話を聞き、金魚について私が読み聞かせ、そうして実際に自分でもお世話して同じだなと思ったことや、こうしたほうがいいと思ったことやうまくいかなかったことなどを発表しました。金魚を金魚鉢ごと持って行って見せたのでこぼさないかと冷や汗ものでしたが。

小学生〜高校生では何を学ぶか

　年齢が上がるにつれて内容も高度になっていきますが、基本は変わりません。

　生徒の好奇心を刺激し、生徒自ら自問し、情報を集め・精査し、持てる知識を応用して、自分の意見を構築し発表します。

　たとえば娘が中学生のとき、生物で肌の色の違いを学ぶ授業での宿題が出たのですが、まず科学的研究結果を読んでそれについてどう思ったか、本当にそうかを自分や親の肌の色について科学的データを検証していきました。

　「メラニンでそうなっている」と教わった私には大変な驚きでした。なぜなら、暗記すればいいと思っていたからです。

　さらに、宿題は復習ではなく次の日の授業のディスカッションとして役立てられ、自分が記事を確かめるために取った方法や発見したこと、科学的に確認できたことについてディスカッションをします。

　宿題をやらないと自分の意見を構築することもできず、ディ

スカッションに参加することができませんから、「自分の意見がない」「クラスに貢献していない」として成績が下がります。単に答えを埋めたり、問題集を何ページ解くといった機械的な宿題ではなく、作業しながら発見や気づきのある時間ですから、知識は長く心に残り使える知識として集積されていくのです。

娘が高校生のときには「この最高裁判決を読んでどう思うか？　賛同するにしろ反対するにしろ、その根拠を述べよ」という宿題が出されました。

アメリカの最高裁の判決は全員一致でなくていいのです。当然、賛成意見と反対意見があるし、賛成意見にしても、なぜ賛成なのかその根拠となるものが違う場合もあります。

この宿題において、判決に賛成するか反対するかは大した問題ではありません。

大切なのはどうして賛成なのか、どうして反対なのか、自分だったらどんな結論を出したか、その理由を、情報を集め、検証し、分析し、自分なりに論理的な意見を構築することです。

知識の集積に関していえば、日本の教育レベルは世界的にも非常に高く、これ以上家庭で詰め込む必要はありません。

それよりも大切なのはそれを使ってどう自分の意見を構築するかです。2020年に文科省が実施する教育改革では「ディスカッション（議論）」という言葉も見えます。これは自分の意見がなければ無理でしょう。これからは日本の学校でもリベラルアーツ力が求められるといえます。

以降では、娘の学校のリベラルアーツ教育を土台に、我が家で「自分の意見を持つ力」を育むために実践した、「家庭でできるリベラルアーツ教育」の実践法をご紹介します。

04

家庭でできるリベラルアーツ教育1

自問することで
意見の芽を育む

自分の意見を持つ第一歩、
それは自問すること

　自問とはなかなか聞きなれない言葉かと思いますが、「**自分ならどうするか**」「**本当にそうだろうか**」と、**自分について考えることです。**

　どうして自問することが大切なのでしょうか?

　それは質問されることで初めて人は考えるからです。意見を持つためには考えないといけませんが人は感じることはあってもなかなか考えようとはしません。

　自分の心を感情という檻(おり)から解き放ち、考えるための情報(知識)を集め、検証・分析し、論理的に物事を見ることができるようにする、それが考えるという作業です。そしてそれを可能にする第一歩が自問です。

選択肢を与えて自問する機会を作る

　考えることに慣れていないのに、いきなり「考えなさい」と言われるのもつらいもの。

我が家では、娘が小さいときから自問する機会を作るためにおやつや洋服を選ぶときに選択肢を与え、自分で決めさせていました。そのときに「どうしてそれを選んだの？」という質問もしました。

　3歳くらいのときは「これがいいから」などという答えでしたが、年齢が上がってくると「今日は黄色を着たいから」「チーズよりもヨーグルトのほうが冷たくておいしいから」などと自分の意見が加わるようになりました。一緒にお買い物に行ったスーパーでも「今日の夕食どうしようか」と意見を求めたりしました。

　自問する機会を与えてあげることも大切だと思います。そしてその機会は日常生活にはたくさん転がっているのです。

究極の自問「自分の人生をどう生きるのか？」の問いに答える

　国際化・多様化が進む変化の激しい社会で生きていくためには、「自分はどう生きたいか」と自問し、「そのためにはどうすればいいか」を意識していることがとても重要です。

　子どもに「自分はどう生きたいのか」を意識させるには、まず育てる親が「自分の人生をどう生きるのか？」の質問に答えられるようにすることです。

　リベラルアーツを身につければ、自分を深く知ることができ、自分の意見を構築し、「～すべき」や過去の慣習に惑わされることなく、可能性と選択肢を柔軟な心で探し、他人の評価や世間一般の評価を気にせずに自分らしい人生を築いていくことができます。

「自分は人生をどう生きたいか」全てはこの質問から始まります。だからこそ自問してみてください。

　自分の強み、弱み、やってきたことややりたいと思うこと、いろんな自分に関する情報を集め、見つめ、分析し、論理的に答えを出していく。そこから今度は「どうやったらできるか？」の自問に対して同様に情報を集め考えて結論を出し、行動に移す。

　子どもがしっかりと自分を見つめて生きていくためにも、ロールモデルである親にとっても重要な自問です。

3 自問について

自問とは？

→ 「自分ならどうするか」
「本当にそうだろうか」と
自分について考えること

自分の意見をもつための第一歩が

「自問」

究極の自問は

「自分はどう生きたいか」

→ 子どもにそれを意識させるには
親が「自分の人生をどう生きるか？」
の質問に答えられるようにすること

05

家庭でできるリベラルアーツ教育2

論理的な意見構築のために 論理的思考法を取り入れる

考えるとは感じることとは違う

　自問で意見の芽が生まれた後に大切なのは、感情的になるのではなく、論理的に考えるということ。

　リベラルアーツでは「考える」ことが大切です。 それは感じることとは違います。そして考えるとは、論理的であるということです。

　たとえば、「君は仕事ができない」と言われたとします。そんなとき論理的に考える力がなければ「あー、そう言われるのならやっぱり私はダメなんだ」「ふざけるな！」と感情の虜となってしまいます。

　ですがそのときに「本当にそうだろうか？」とまず自問します。論理的思考力のある人は次に情報を集めるでしょう。

　最近の仕事を振り返り、情報を集め、分析し、「上司はあのときのことを言っているのだろう。確かに自分は結果を出せなかったから言っていることも全くの嘘ではない」とか「なんら根拠がない」など、情報を精査した上で論理的な自分の意見に達することができます。

結論が得られたら、あとは「どうすればいいか」とさらに自分の意見を構築していきます。

　このように論理的思考は高い問題解決能力を育みます。

第一段階──ロジカルシークエンスを取り入れる

　娘の通った幼稚園から小学校3年生までの初等教育の学校では、論理的思考法を育むために「ロジカルシークエンス」という方法を4歳から導入していました。

　たとえば「廊下を走ってはいけません」というルールがあったとします。そこで走ってしまったらどんなことが起こるかを子どもたちに論理的に推論させます。

「廊下に置いてあるお友達のアート作品にぶつかって壊してしまう」
「転んで怪我をする」
「お友達にぶつかって怪我をさせる」
「先生に叱られる」

　次に、そのような事態が起こったらどんな対処法があるかを相談します。

「謝る」
「お友達の作品を作り直す」
「もう絶対に走らないと先生と約束する」
「お友達を保健室に連れて行く」

このロジカルシークエンスができれば、自分がやるかやらないかの判断ができます。問題が起こった場合は、論理的に自分が取るべき行動がわかるのです。

　娘の学校では、ロジカルシークエンスを、いくつかのルールを通して子どもたちに実践させていました。
　ロジカルシークエンスは小さなお子さんでも理解できる論理的思考法の第一歩です。ぜひご家庭で取り入れてみてください。
　以下に我が家で実践したロジカルシークエンスの例をいくつか挙げます。

・ママが疲れたからと夕食を作らないとどうなるか？
・スカイが宿題をしないとどうなるか？
・パパがやりたくないから仕事を辞めると言ったらどうなるか？

第二段階──Pros & Cons表を取り入れる

　Pros & Consは日本語に直訳すると「賛成と反対」あるいは「賛否両論」。Pros & Cons表というのは、一つの事実に対してPros（よい点やメリット）とCons（悪い点やデメリット）をそれぞれ列挙し、そこから総合的に判断して、自分にとって最適な答えを導きだすための効果的な論理的思考ツールです。
　感情や思い込みに流されずシンプルに問題を解決する方法として、また複数の意見や考えを整理する方法として、ビジネス

の現場でもよく使われています。

　Pros & Cons 表は非常にシンプルでお子様でも取り入れることができます。週末の予定を決めるときなど、日常生活の中で活用すると、論理的思考のベースとなる情報を集め検証し、それを元に自問し、そこから賛否両面を鑑みて自分なりに論理的な判断をする良い練習となります。

　ちなみに、娘は、この Pros & Cons 表を使って、大学受験の際にどこを第一志望にするかを決めることに役立てていました。

自問＋論理的思考は人生を切り開く
最強のツール

　私自身の例でいえば、リベラルアーツ教育を受けた夫に出会ったことで、またリベラルアーツ教育を受ける娘を通して自問することを覚え、自分との議論を通じて、感情的になるのではなく、「考える」力を身につけ、自分の意見を持ち、自分の生きたい人生を切り開いていくことになりました。
「私の人生本当にたったこれだけなの？」という自問から始まり、「違う。私には生きたい人生がある」と夢だったアートギャラリーを開くことを決意し、準備を始めますが、「アメリカのエリート大学を出ていないアジア人女性がワシントン DC でギャラリーを開くなんて、絶対無理」の大合唱に迎えられます。

　そんなとき、「やっぱり私には無理」と感情的になるのではなく、「本当に無理なのか？」「どうやったら可能になるか？」「私の武器はなんだろう？」と自問し、論理的に結論を導き出すようにしました。

　たとえば、当時の定説だった「アジア現代アートの市場はな

いから、アジア現代アートを売ろうとすれば潰れる」に対して、「本当にそうか？」と疑い、中国まで行ってこの目で市場の可能性を確かめ、「エリートじゃないあなたには無理」と言われれば、「本当にエリートじゃなきゃダメなんだろうか？」と自問し、「資金、人脈、経験ゼロからギャラリーは開けない」と一刀両断されれば、「だったらどうすれば可能になるか？」と自問するなど、論理的結論に基づいて行動していきました。

さらには、「人脈も資金も経験もないなら作ればいい」と考えたときに、「どうすればいいか」の答えは、「まず自分ができることでアートの世界に食い込む」ことでした。

だから私は誰もやろうとも思わなかった美術館のはたきかけのボランティアから始めました。そうやって地道にかつ確実に、人脈と美術館での経験を増やしていったのです。

自問と論理的思考は、私が長年温めていたアートギャラリーのオーナーになるという夢を、「絶対に無理」という大合唱をはねのけて、実現に導いてくれたのです。

自問と論理的思考はパッションを現実へと導く大きなツールなのです。

4 論理的思考法とは

第1段階――ロジカルシークエンスを取り入れる

ロジカルシークエンスとは?

→ 論理的に順序立てて考えること

(例) 廊下を走ってはいけません
なぜ→お友達にぶつかって怪我をさせるから
どうする→お友達を保健室につれていく

第2段階――Pros & Cons 表を取り入れる

Pros & Cons 表とは?

→ 1つの事実に対して Pros (よい点やメリット) と Cons (悪い点やデメリット) をそれぞれ列挙し、自分にとって最適な答えを導き出すための効果的な論理的思考ツール

06

家庭でできるリベラルアーツ教育3
議論で子どもが意見を言う機会を増やす

　意見の芽を育み、論理的思考を取り入れた後にやるべきことは、子どもが自分の意見を持ち発表する機会を増やすことです。そのために有効なのが議論（ディスカッション）です。

　大学での授業がディスカッションベースであるように、リベラルアーツ教育は議論を通して行われます。

　日本生まれ日本育ち、教育も大学まで日本、就職も日本だった私は、「言われたことをやる」のがよしとされていたので、意見を求め・求められる議論の文化に慣れていませんでした。だから私は、自分の中に「議論の文化」を作るため、夫と娘を通して議論の基本から議論の仕方までを学ぶことになったのです。

　詳しい議論のルールに関しては第3章を見ていただくとして、ここでは議論の心構えと実践法についてお話しします。

家族の会話の仕方を変える

意見を言わせないような一方通行の会話をやめる

　これは簡単なようで実はとても難しいです。親にとってはラクで都合がよく、長年のくせになっているからです。「やりなさ

い」「やめなさい」という命令や指示出しをやめることが、議論の文化を家庭内に作る第一歩です。

会話のキャッチボールを心がける

議論とは会話のキャッチボール。聞いた話に対し、相槌(あいづち)を打つだけでなく、小さなことでも何か質問するよう心がけます。質問に慣れないうちは一日を反芻(はんすう)し**「今日はどんなことをしたの？」**から始めると効果的です。

どんな意見でも言える安全な環境を作り出す

自分の意見に間違いも正解もありません。いろんな考え方があっていいのですから、家族の間ではどんな意見交換もできることが大切です。そのためにどんな意見でも、まずは意見を言ったことを「なるほどそういう意見もあるんだね」と認め、「それは間違っている」と訂正したり、「おかしい」と批判や否定はしないことです。

正しいでも間違いでもなく意見を言ったことを認められることで子どもは自信を持ちます。正しい意見を言うから自信がつくのではなく、自分が意見を言ったことを肯定されるから自信がつくのです。

議論を習慣づけるために、毎日議論の時間を作る

議論で最も効果的なのは実際に面と向かってすること。だから我が家では議論の時間として家族揃って夕食をとるようにしました。忙しいときも毎日５分でいいから家族全員が顔をあわせる時間を作ることが大切かと思います。

食事の時間を最高に楽しい議論の時間にする

　食べることは毎日のことですし、繰り返し訪れる時間なので、議論の習慣をつけるには最適の時間です。この時間を楽しくすると議論自体が楽しく感じられます。

新しいことに触れ議論する
　地中海ナイトと称してフモス(ひよこ豆と玉ねぎなどを混ぜて作ったパテ)やザジキ(ヨーグルトディップ)を作るなど、我が家ではときどきテーマを決めて、世界の料理に触れる機会を作り、どうしてその料理ができたと思うか、日本にないのはどうしてか、などを食べながら話しました。

比較で議論する
　買ってきたフモスと自宅で作ったものを食べ比べて、何が違うのかを話します。そこから添加物について調べたり、話題を発展させ、自分なら高いお金を払っても添加物の入っていないものを買うかどうかなど話し合います。それから値段の違うバニラアイスを食べ比べて、どちらがおいしいと思うかを言い合ったりします。こうしたことからも自分の意見を構築し、自分の頭で考える習慣がついていきます。

学校の勉強を議論のトピックにして知識を使える知識にする

　たとえば、学校でひまわりを学んでいたとします。そしたら家庭で「ひまわり」について議論する。「ひまわり」は見るだけ

ではなくて食用にもなる。と学んだら、スーパーに行ってひまわりオイルやひまわりのタネを見たり、鳥の餌になっているのを発見したり、そこから調べてもっと別の用途を探したりする。そしてそれが自分の生活にどのように関わっているかを考える。

こんなふうにすると学校で学んだ知識がより心に残ります。そうするとより使える知識となっていきます。

せっかく学ぶのだから暗記するだけで忘れてしまってはもったいないです。

普段話さないようなことをトピックに選んでみる

「なんのために勉強するのか？」

こんな議論をお子さんとしたことはありますか。人は自分なりに理由を見つけるから自らやる気を出して行動するのです。いったいなんのためにやっているのかわからなくては、「どうやったらやらずに済むか」のほうに意識がいってしまいます。これは大人だってそうですから子どもならなおさらそうなのではないでしょうか。

子どもは遊ぶのが仕事と言いますが、勉強も大切な仕事です。やる気のなさそうな子どもを見ていると、つい「勉強しなさい」「宿題しなさい」と言いたくなりますが、そんなときに命令や指示出しをしないためにも、「なんのために勉強するのか」について話し合ってみてはいかがでしょうか。

いろいろな局面で「なんのためにやるのか」を考えるようになるきっかけとなるかもしれません。

07

家庭でできるリベラルアーツ教育4

本をリベラルアーツ的に生活に取り込む

議論以外にも意見構築を助けるには有効な方法があります。その一つが本です。

本の読み方を変える

知識と疑似体験に満ちているため本は意見構築に最適です。疑似体験するから知識が長く心に残り使える知識ともなりやすいのです。読後のディスカッションで知識を応用して自分の意見を作る機会ができますから、ますます知識は残ります。そしてディスカッションによってお互いの考え方に耳を傾けることで、自分とは違う考えを学びつつ、自分の意見を構築する。これがリベラルアーツです。

お子さんと一緒の本を読んだ後のディスカッションでは、学校で不足している部分を家庭で補うようにするといいでしょう。

我が家で実践した質問は以下のようになります。

・この本を読んで気づいたことはどんなこと？
・印象に残った場面はどんなところ？　それはどうして？

- 自分にも似たような経験がある？
- 主人公はこうしたけど、自分だったらどうした？

 ## 本に親しむための環境を作る

　私も夫も読書が大好きで寝る前には必ず本を読むし、バケーションにも必ず2、3冊持って行きます。本は生活の大切な一部分で、部屋や廊下に、フィクションもノンフィクションもコーヒーテーブルブックといわれる大きな美術書もそこかしこに置いてあります。

　本が身近にあれば、子どもは自然と本に親しみを持つようになります。本に親しむ環境を作ることは意見構築を育むには最適のそして一番簡単な方法かと思います。

 ## 我が家で読んだリベラルアーツ力を育む本

　日本の学校では取り上げないかもしれないけど、グローバル社会で生きることを考えたときに加えるとよいと思う数冊を我が家で読んだ中から挙げてみます（61ページ）。

 ## 今アメリカで一番読まれている本を読む

　知識は古典の中だけにあるのではありません。コンテンポラリーな文化の中にも学ぶべき多くの知識があふれています。

　ニューヨーク・タイムズのベストセラーリストは、アメリカで最も権威あるランキングといわれていて、グローバル社会で

活躍する人がよく見ているものです。

　グローバル化が進むアメリカでベストセラーになった本はいろんな国で出版されそこでもベストセラーとなり、多くの人の考え方に影響を与えることが多々あるので、このリストに目を通し、そこから何冊か読むことは、学校では得られない良い知識の集積になると思います。63ページでその一部を紹介します。

5 わが家で読んだリベラルアーツ力を育む本

聖書、旧約と新約（漫画版で大丈夫）

世界は信じられないくらいの宗教国が多いです。宗教を知らずにグローバル社会が抱える問題を知ることはできません。聖書以外にもイスラム教に関して簡潔に書かれた本があれば、そちらも読むとよいと思います。

古事記

海外で日本の成り立ちを話す時に、この本に触れるとみなさんますます日本に興味を持たれます。近代国家の日本しか知らずに読むと、まさに摩訶不思議な世界が展開しています。

菊と刀（ルース・ベネディクト）

アメリカで初めて出版された日本文化論。賛否両論あり、日本でもアメリカでも評価がかなり分かれる本なので、自分の意見を構築するよい練習になると思います。

君たちはどう生きるか（吉野源三郎）

最近の大ベストセラーです。漫画版もありますからお子さんとぜひ一緒に読んでみたらいかがでしょうか。

ソフィーの世界（ヨースタイン・ゴルデル）

全世界で2300万部以上売れた哲学の入門書。14歳のソフィーという少女の知的好奇心の旅で、哲学を楽しいと感じられる読みやすい一冊です。

ヒルビリー・エレジー（J.D.ヴァンス）

どうしてトランプが大統領選で勝ったのか？グローバル社会に乗り遅れた怒れる人たちを描きアメリカの問題点を自身の経験から書いた話題作。

種の起源（ダーウィン）

テキサス州では何と1980年代まで科学を聖書ベースで教えていた学校があると知り、その衝撃から私はこの本を読みました。科学の世界のパラダイムシフトとなった一冊だけに考える力の良い訓練になります。

賢明な投資家（ベンジャミン・グレアム）

ウォーレン・バフェットが師と仰いだ投資家が書いたバイブルと呼ばれる名著。私は泣きそうになりながら読みましたが、娘はあっという間に読み終えました。

金持ち父さん貧乏父さん（ロバート・キヨサキ）

日本ではお金の話はあまりしないので、親子の間でお金とどう関わっていくかを話すきっかけになると思います。

人を動かす（デール・カーネギー）

人生で一番大切な人との関わりについて考えさせられた本です。不朽の名著と言われているくらい知られた本ですが、それには理由があります。

ロンリのちから（NHKロンリのちから制作班）

論理的思考方がとてもわかりやすく解説されています。人気テレビ番組の書籍版。

EQ 心の知能指数（ダニエル・ゴールマン）

心の知能指数の重要性を、心理学博士だった著者が解説しています。

08

家庭でできるリベラルアーツ教育5

情報をリベラルアーツ的に取り込む

　一つの情報を鵜呑みにする。これはリベラルアーツの真逆です。自信を持って自分の意見を構築するためには、情報の取り込み方をリベラルアーツ的にすることが大切です。

新聞や雑誌・ネットニュースを使って意見構築の練習をする

　ネットや新聞のニュース記事を読むことは知識を元に自分の意見を構築する非常に良い訓練となります。本と違ってすぐに読み終えることができること、新聞によっては捉え方が違うことなども、自分の意見を作っていくときに良い自問の機会を提供してくれます。

　我が家では、同じ記事を読んで夕食のときの議論のトピックにしていました。そのときに注意したのは以下の点です。

・「本当にそうだろうか?」「この情報はどこから出てきたのだろうか?」と自問し情報を鵜呑みにしない。
・コンサバとリベラル双方の観点から同じニュースを読む。伝統を重んじ守ろうとするコンサバと自由主義的なリベラル

6 | 今アメリカで一番読まれている本の一例

『Sapiens』

ホモサピエンスがどうして最も有力な種となったのか

『21 Lessons for the 21st Century』

これから人類はどのように私たちを取り巻くテクノロジー、政治、社会問題に取り組んでいけばいいのか

『Educated』

宗教の関係で学校に行かせてもらえなかった子どもが、家出をして大学に入った実話

『Grit』

やり抜く力について

『Becoming』

ミシェル・オバマの自叙伝

『Factfulness』

ビル・ゲイツが「今までに読んだ本の中で最も大切な本の一冊」と言った、世の中の問題の見方を変える本

『White Fraglity』

アメリカに根強く存在する人種差別の現代の考察

と立場が違えば、物事に対する受け止め方や視点が変わってきます。
・いろいろな国の新聞を読む。立場が違えば意見が異なるように、それぞれのお国事情によっても見解が異なってきます。

新聞について、仮にグローバル化が進むアメリカの新聞を一紙取り入れるとしたら、どれが良いでしょうか。

Worldatlasのデータによると、アメリカで読まれている新聞の順位は1位がUSA Today、2位がニューヨーク・タイムズ、3位がウォール・ストリート・ジャーナル、4位がLAタイムズ、5位がニューヨーク・ポスト、6位がシカゴトリビューン、7位がワシントン・ポストです。

各種の調査によっては順位が入れ替わりますが、ニューヨーク・タイムズ、ウォール・ストリート・ジャーナル、ワシントン・ポストはトップの常連です。発行部数で1位のUSA Today紙は知識レベルが高い層ではそれほど読まれていません。

 ## 同じトピックの本を何冊も読んで自分の意見を作っていく

一つの情報を鵜呑みにするのではなく、同じトピックについていろんな意見に触れることで自分の意見を作っていくのがリベラルアーツ。あらゆる情報を検証した後で作る自分の意見だからこそ自信と確信が持てます。

特にどうしていいかわからないとき、全く知識がないときこそ、一つの情報に頼るのではなく、いろんな情報に目を通すことが大切です。

最近の私の経験をお話しします。

アメリカには、SAT（大学進学適性試験）という日本のセンター試験のような共通テストがあり、数学、国語、エッセイ（論文）の力をそれぞれ800点満点で評価されます（この試験の形態は2017年時点）。巷ではSATの点数が大学受験の鍵を握るといわれていました。

次に大切だといわれている高校の成績は、最高レベルのAをキープすることが大切で、難しい授業を受けてBをとるよりも、簡単なレベルの授業を受けてAをキープするのがいい、といった情報もありました。

私はアメリカの大学受験は経験がありませんから、「本当のところはどうなのだろう」と8冊の受験攻略本を読み、それらの本に共通して書かれていることだけを信じることにしたのです。エキスパート8人が全員長年の経験と研究結果から同意していることなら、信じられると思ったからです。

それぞれの本の著者8人が同意していたのが、「SATは参考程度」「高校の成績のほうが大切で理想は一番難しいレベルの授業でAを取ること。それが無理ならレベルを落とすよりは挑戦するほうが好印象」の2点。

だから娘が数学の先生から「この授業は難しいからAを取る生徒はほとんどいないけど、それでもいいの？」と言われながらも、難しいクラスに挑戦することを選んだとき、私も夫も見守ることにしたのです。

もし自問をせず、自分で情報をチェックせず、みんなが言うことを鵜呑みにしていたら、私はきっと反対し、娘のやる気を削ぐ結果となっていたことでしょう。

家庭でできるリベラルアーツ教育6
ポピュラーカルチャーを意見構築の道具にする

ポピュラーカルチャーは自問と意見構築・発信の道具となる

　何かと批判の元となるソーシャルメディアやYouTubeなどのポピュラーカルチャーも、使いようによっては素晴らしい意見構築の道具となります。

　何しろ子ども自身がとても興味を持っているということが大きいです。時代を映す鏡ですから、どうして今これが話題になるのか、人気があるのか、など世代を超えて家族で話し合う機会を提供してくれます。いくつかコツがあるのでご紹介します。

・YouTubeやSNSやゲームなどで遊んでいるときは「このゲームってどんなところがいいの？」「自分で作るとしたらどんなゲーム？　どんなメッセージを発信したい？」と質問して、単なる受動的な立場から参加者になる意識を持たせます。

・実際に発信すれば、限られた字数で論理的に自分の考えを表現する練習や意見をビジュアル化する練習ともなります。YouTubeチャンネルはとても簡単に作れるので内容に注意

しながら実際にチャンネルを作ってみます。パブリックにせずプライベート設定にして、自分と家族だけが見られるようにするのもよいかと思います。

YouTubeチャンネルの リベラルアーツ的使い方

教育関連において、アメリカで人気の意見構築に役立つサイトをご紹介します。

英語も子ども向けですからシンプルかつ文法的にも正しいものが多く、親子で議論しながら見れば意見構築の道具として使えます。オススメのチャンネルを紹介します（69ページ）。

意見を構築しながらグローバル社会を知る オススメのテレビ番組

実は娘が高校生のときから我が家で見ている「House Hunters International（世界家探しの旅）」という番組があります。いろんな国にアメリカ人が行って家を買ったり借りたりするのですが、不動産屋さんが3つの物件を紹介し、それぞれのProsとConsを話し合いながら予算に照らし合わせて決めていきます。

その思考のプロセスも面白いし、家族でそれぞれ意見を出し合い、毎回良い議論の機会となっています。また感情的な意見と論理的な意見の両方を聞くことができるのもこの番組の良さです。

世界中の物価や治安に生活習慣や言葉、気候による家の構造の違いなど、知識を得て疑似体験するにももってこいです。

YouTubeで見ることができますので、よかったら見てみてください。

　家庭でリベラルアーツ的思考力を養い、持てる知識を応用して自分の意見を持つ子どもを育むにはいろんな方法があります。

　いろいろ挙げてみましたが、「この中から子どもが一番興味を示すのはどれだろう？」「家族みんなでできるのはなんだろう？」ということも考えながら楽しんで実践していただけたら、より効果的かと思います。

7 | アメリカの人気YouTubeチャンネル

Mother Goose Club(幼稚園生向け)

歌あり、動きありの従来の子ども番組に近い構成。

The Brain Scoop(小学校高学年向け)

自然科学系の教育サイト。

Amy Poehler's Smart Girls(小学校高学年～中学生向け)

女子のエンパワメントを中心にしたサイト。これからの女子について意見構築する良いベースとなるサイト。

Simple Kids Crafts(小学生～中学生向け)

いろんなものを作るサイト。リサイクルされたものを使ったり、リサイクルしたりと、自分の住む環境に対する意識も育む。

minutephysics(小学校高学年向け)

サイエンスに親しみを持ってもらおうと、いろんなコンセプトを楽しく紹介するサイト。

SoulPancake(小学校高学年～中学生向け)

思考力を育てるサイト。

REACT(小学校高学年～中学生向け)

社会で問題になっていることなども話題にあげるサイト。グローバル社会を生きる子どもが社会問題に敏感になり、自分の意見を作るために有効なサイト。

第 2 章

目に見えない教養2

Cause という
自分らしい社会との
関わり方を持つ

10

Causeは共感力と繋がりという「人間力」

　グローバル社会で活躍するためのグローバル教養第2のキーワードは**「Cause(社会との関わり方)」**です。
　日本ではあまりなじみのない言葉かと思いますが、Causeがなければグローバル社会では人と繋がれません。それは大人も子どもも同じです。

　人は一人では生きていけません。家族、学校、職場、地域、国、世界といろんなところで繋がって生きています。
　自分の意見を持ち、「自分はこうしたい」「こんなふうにしたらどうだろうか」と、自分に対する気持ちをしっかりと持つことができる人が次にするべきことは、小さいうちから自分の人生を自分一人の満足やエゴで完結させないことです。自分を取り巻く大きな社会に目を向け、自分はどんなふうに社会と関わっていきたいか、社会の役に立っていきたいかを考え、行動することです。
　私はここでもグローバル社会の壁にぶつかってしまいました。
　私が最初にギャラリーを開く夢を持ったとき、それは自己実現のためだけでした。自分の存在を証明するために成功したかったし、留学で貯金を使い果たしていたから経済的に自立したかったのです。そんな私に共感してくれる人はいませんでした。

ギャラリーの夢が社会の役に立つ。いろんな人が共感して応援してくれる、そんな夢の見方がある。それを私に「教えてくれる人」は誰もいませんでした。

ですがグローバル社会で活躍する人をたくさん輩出する学校では、4歳から、より社会のためになる、大きなことを可能にする共感力を生む夢の見方を教えています。

 ## 自分が住む社会への無知と無関心は受け入れられない

グローバル社会で活躍する人は、新聞のみならずよくアメリカのニュースサイトを見ていますが、ニュースサイトランキングのあらゆる調査で、ほぼ毎回CNNとニューヨーク・タイムズの次にランキングされているサイトがあります。

それはハフポスト（HuffPost）です。同サイトは、ジャーナリストなど専門家からも高く評価されているニュースサイトで日本語版もありますが、そこで「グローバル社会ではいかに自分の社会を良くするために参加していくことが重要か」を説いた記事があるので紹介します。

「今、世界にはあらゆる問題が山積しているが、テクノロジーの発展が、危険地帯に行くことなく社会に貢献できることを可能にした。たとえば社会起業家の会社の製品を買うと、利益の一部が動物愛護団体やDVシェルターなどに寄付されるというように、クリックひとつ（clicktivism／クリックティビズム）で世の中を良くする行動をとることができる。家のリビングにいながら、世の中を良くすることができる現代社会において、

そもそも『自分には何ができるだろうか』と自問しないことは論外である。自分が住む社会への無知と無関心は受け入れられない」

　自分の意見を持った人が次に求められることは、自分の人生を自分一人のエゴや無関心で完結させるのではなく、自分が住む社会をより良くするために積極的に自分の住む社会と関わっていくことです。

　これは人間に許された特権、いいえ、人間にだけできる責務と言えるのではないでしょうか。

　ビジネスも日常生活も世界の問題も、人種や国境を超えてグローバル化するこの社会では、これまで以上に共感力が求められています。お互いを理解することなく、一つのことに向かっていろんな人間同士が繋がり助け合うことがなければ、ビジネスも日常生活もままならず、発展もありません。共感力や人との繋がりで社会の役に立っていくことを子どもに教えるのは親の務めでもあります。

　そしてグローバル社会で求められる共感力と繋がりを体現したのが Cause です。

 ## Cause とは何か

　「Cause（コーズ）」は一般的に「原因」と訳されていますが、実は**「人を動かす理念や信念、大義」**といった深い意味を持つ言葉です。

　こんなふうに言うと「なんだか仰々しいなあ」と思われるか

もしれませんが、「自分一人のためではない。もっと大きなビジョンを持つ」と言うと親近感がわくかもしれません。

　傍観者ではなく自分の意見を持って積極的に参加することが求められるグローバル社会では、自分が生きる社会に関心を持ち、共感力を発揮して世の中を良くするために、前に進めていくために自分はどのように行動するのか、もっと大きな力となるためにどう繋がっていくのかを問われます。

　「社会のために自分はどうしたいのか、どうするのか」、これがCauseですが、より平たく言うと「社会貢献」や「ボランティア」という言葉におきかえられるかと思います。

　Causeはあらゆるビジネスや社交、あるいは子どもの学校やお稽古で必ずと言っていいほど話題にのぼります。なぜなら、社会に関心を持ち行動することは、グローバル社会では「当たり前」のことだからです。

　そうしてCauseは人種や国境を超えて同じ目的を持つ人を繋げていきます。それが社会の発展に繋がっていくのです。

　Causeは自分の仕事を通じてかもしれないし、仕事が終わった後のボランティアかもしれない、趣味を通じてかもしれない。それくらいいろいろな関わり方があります。

11
Causeが形づくる
グローバル社会

　先ほどからCauseは社会の発展に不可欠だと言っていますが、ここでCauseがどのように社会の発展に貢献しているのか、どんなふうに人々が関わっているのかを見ていきます。

Causeが生んだ新しいビジネスの形態が
グローバル社会を発展させる

　営利を目的に事業を経営するのが企業ですが、今やCauseを持たずに利益だけを追求しているような企業は非難の対象となります。どんなに素晴らしい製品を作っている企業でも、その製品を作る過程で環境破壊をしたり、人権を侵害していたりすると、たちまち評判を落としてしまいます。

　ですから多くの企業が貧困から環境問題、芸術、病気関係、シニア関係に地域活性などに対して企業としてサポートするために、ありとあらゆるCauseを打ち出しています。

　そんななかでもグローバル社会で注目を集めているのが、Causeと営利を一体化した社会起業家です。会社の利益から社会貢献するのが従来の会社でしたが、直接社会の役に立ちながらも利益を得る。

　「社会をより良くするために自分ができることで貢献する」

ことが求められる時代のなかで、社会問題を解決する手段として事業を起こし、事業を継続するために利益を生み出そうと考える、社会起業家という人たちが増えてきました。

社会起業家を応援することで有名な世界最大の育成・応援するネットワークとして「アショカ」があります。アショカはグローバルな社会改革のシンクタンクで、1980年にアメリカで「Everyone a Changemaker（誰もがチェンジメーカー＝誰もが社会を改革する人になれる）」を標語にスタートしました。

現在その活動は全世界に跨り、2011年に発足したアショカの東アジア最初の拠点、アショカ・ジャパンによると、各分野の変革に関わる第一人者であるアショカ・フェローは現在約90カ国にちらばり3300人近くが活動しているとのことです。

アショカによると、アショカ・フェローとは、「機能していない社会システムに対し、これまで存在しなかった斬新な構造的解決法を提案するのみでなく、そのアイデアを現実に立ち上げアイデアが多くの人に届く効果を生むまで粘りつよく取り組むソーシャル・アントレプレナーです。フェローは自分一人で走るのではなく、周りの人たちと協働する能力や既存の体制にとらわれない自由な発想を持っており、何より一人の人間としてエンパシー（他人の気持ちを理解する共感力）に富んだ人たちです」と表現しています。

アショカに代表されるように、社会起業家とはまさにCauseのために共感と繋がりという人間力を使って社会を改革していく人たちなのです。

なぜ慈善活動ではなくビジネスなのかというと、お金がなければ事業が回っていかないからです。
　慈善団体などは寄付金で回っていますが、運営は大変です。自らお金を生み出せないと、寄付金や政府の補助金に頼らなければいけません。政府の方針が変われば補助金がなくなってしまうこともあります。そうなると、サステナビリティ（持続可能性）がありません。だから営利を生むビジネスを立ち上げるのです。活動は続けてこそ結果が出るのですから。

　アショカのように行動が全世界に広がっているものもあれば、地域密着の社会起業家たちもいます。
　たとえば、ワシントンDCには若い女の子たちが作ったジュース会社があります。地方の農家から野菜や果物を買って、ジュースにして売るのですが、ジュースを作るのは元受刑者です。
　受刑者は刑期を終えて外に出てもなかなか仕事に就けず、結局またに犯罪に走ってしまうことが多いので、そうした悪循環に陥らないよう、元受刑者に仕事の場を提供し、ジュースを作って売っているのです。
　健康志向が行き渡り地元で作られた無農薬野菜ジュースが売れて利益が出れば会社も存続できるし、地元の農家も安定して収入が得られるし、元受刑者も仕事を続けることができます。みんながWin-Win（ウィンウィン）というわけです。
　みなさんの周りでも、見渡してみればこのようなビジネスはたくさんあるのではないでしょうか。

グローバル社会を救済する
The Giving Pledge という Cause 活動

世の中には使い切れないほどのお金を持っている人がいます。そしてそんな人たちも自分のできることでCauseに参加しています。

「The Giving Pledge（ギビングプレッジ）」は、マイクロソフト創始者のビル・ゲイツと投資家のウォーレン・バフェットが立ち上げた団体で、財産を寄付することで広く社会貢献を推進する活動を行っています。生前または死亡時に自分の資産の半分以上を寄付すると表明するもので、世界中の大金持ちに声をかけています。

もっと多くの人が「お金を儲けることができた」という幸運を分け与えれば社会はもっと良くなる。死ぬまでに使いきれないお金は必要なところに回す。しかもそれぞれの寄付できる金額が何百億円と途方もない額ですから、貧困や教育などでその恩恵にあずかれる人の数も多いのです。

多くの人に教育を受けるチャンス、健康な生活を営むチャンスを与える、素晴らしいCauseだとは思いませんか。

今では主に22の国から138人のビリオネアといわれる人たちが名を連ねています。

例を挙げるとフェイスブックを作ったマーク・ザッカーバーグ、実業家でエンジニアのイーロン・マスク、イギリスのヴァージングループの創業者リチャード・ブランソン、アメリカのインターネット会社AOLを創業したスティーブ・ケース、政治家で総合情報会社ブルームバーグの創業者マイケル・ブルー

ムバーグなど、誰もが聞いたことのある人たちです。

縮小する公的機関の補助を補う Cause

もっとすごいのは、普通の人々の Cause 活動です。

2008年のリーマンショック以降、公的機関からの助成金がいろんなところでカットされました。**それでも社会が回っていけるのは、一人ひとりの Cause があるからです。**

たとえば、公立校では運営費が減り、そのためにアートの授業を削らざるをえなくなりました。アートの授業は自由な発想を育むために欠かせない時間です。それを削るのは大切な人間力育成の機会を削ってしまうのと同じことです。危機感を覚えた人たちがなんとか放課後にアートの授業をできないか、と先生を雇うためのお金を募ったり、ボランティアで教えてくれるアーティストを探したりしたのです。

ホームレスシェルターといわれるホームレスの宿泊施設では助成金は微々たるものであることが多く、たくさんの人が運営費を集めたり、実際の運営をボランティアとしてお手伝いをしたりしています。

娘の学校の放課後のスポーツでは、フェンシングの得意な親がフェンシング部のなかった娘の学校で、無償でコーチを引き受け、フェンシング部を設立しました。また、スカッシュの練習施設が校内になかったので、スカッシュ部のために練習場を探してきて、使用料金を全額寄付した親もいます。

私は娘の学校のアートのクラスで子どもの作品の展覧会を手

伝うボランティアをしていました。また、アートに優れた子どもがもっとアート教育を受けられるように奨学金の設立のお手伝いもしたのです。

ワシントンDCのランドマーク的劇場、ケネディ・センターでは赤いコートを着たたくさんのシャペロンと呼ばれる年配のボランティアを見かけます。彼らの仕事はお客さんをお席に案内することです。

小児がん病棟では親が常にいることが難しい場合もあります。そんなとき子どもがさみしい思いをしないように読み聞かせのボランティアがいます。

これは一人ひとりのCauseが回す社会のほんの一例でしかありません。世の中を回していくためには公的機関だけには頼れない、そんな現実があります。そのギャップを埋めるのがCauseなのです。

 ## 税金控除が促進するCause活動

アメリカには、Cause活動をやりやすくする税制度があります。

アメリカの場合は501(c)(3)という寄付したお金やサービスが所得税から税金控除の対象となる非営利の団体があります。この税制度は企業も個人もいろんなCauseに金銭的な貢献をする促進剤となります。税金の場合、使い道を自分で決めることはできませんが、寄付なら自分の信じるCauseに直接届きます。

我が家もいろんな形で社会の役に立つことを責務と考えてい

るので、毎年私と夫のCauseのためにいくつかの団体に寄付をしています。

また綺麗に使った服などは毎年年末に貧困家庭の教育や生活向上などに貢献しているサルベーション・アーミーという団体に寄付しています。実はこれも税金控除の対象となります。

金額的には微々たるものですし、クリーニングに出してから寄付するので出費もありますが、ほとんど使わなかったブラウスやセーターなど、必要としている人にお譲りするのも大切な社会貢献だと思います。

それから私は中学生や高校生のライフコーチングのボランティアもしています。これは今の私のCauseです。こういったプロフェッショナルなサービスも税金控除の対象となります。

多くの人が、ときには500円や2000円の単位で自分のCauseのためにこんな形でも行動しているのです。そのときに、アメリカのような税制は、自分の意見を持って社会に参加していくときのインセンティブとなるものだと思います。

高い認知度で世界的なことを成し遂げるCause活動

CauseとセレブといえM、1985年にイギリスのロックミュージシャン、ボブ・ゲルドフがきっかけを作った「ライブエイド」はその走りではないでしょうか。アフリカの飢餓を救うため多くのミュージシャンが集まり無償で演奏したのです。

最近ではこのようにセレブがCauseを持つことが定着しています。オードリー・ヘップバーンのユニセフ親善大使としての活動は有名ですし、元・米大統領夫人のジャクリーン・ケネデ

ィ・オナシス（通称：ジャッキー・O）はアメリカの歴史的建造物を守る活動を続けました。アメリカでは映画俳優やミュージシャン、テレビ司会者といったセレブもそれぞれにCauseを持ち、社会貢献活動を積極的に行っています。

　セレブには非常に大きな力があります。それは世界的な認知度。それを使ってグローバルな舞台で社会問題に取り組むことができるからこそ大きな影響力を発揮することができます。

　アンジェリーナ・ジョリーは人道問題を中心に活動していますし、エマ・ワトソンは女性活躍を応援する活動に精をだし、ビヨンセはブラックライブスマターというアフリカ系アメリカ人の人権を守る活動に取り組み、レディー・ガガはBorn This Way Foundation（ボーンディスウェイ財団）を設立し、生まれたままの個性を大切にし、差別のない世の中を作る運動に貢献し、アメリカで大人気のアフリカ系アメリカ人初のビリオネア、オプラ・ウィンフリーは南アフリカで女子の学校を設立する活動をし、マイリー・サイラスはHappy Hippie Foundation（ハッピーヒッピー財団）を設立してホームレスやLGBT（性のマイノリティー）の支援を行い、アカデミー賞受賞者のアフリカ系アメリカ人の女優ヴァイオラ・デイビスは自身の生い立ちから貧困問題や人種による賃金格差問題を訴え、歌手で女優のジェニファー・ロペスはLopez Family Foundation（ロペス家族財団）を設立し、母子家庭が健康保険を持てるように貢献し（アメリカは国民皆保険の制度がなく貧困層では健康保険を持てない人がたくさんいます）、ジョージ・クルーニーは人道的活動を行い、マイケル・J・フォックスは自身が患うパーキンソン病を広

く知ってもらうための活動を行うなど、グローバル社会で活躍するセレブの多くが自分のCauseを持って活動しています。

　グローバル社会のセレブはCauseで人を繋げる大きな力となのです。

「全米最優秀女子高生」大学奨学金コンクールで私が見たCause

　2017年に娘が優勝した、61年の歴史がある「全米最優秀女子高生」大学奨学金コンクールは、グローバル社会を牽引するリーダーに必要とされるCauseであふれていました。

　このコンクールは1958年にたった2％だったアメリカの女子の大学進学率を危惧した南部の紳士たちが「経済的理由で女子が高等教育を受けられないのは国のためによくない」と女子活躍を応援するCauseのために開催したのが始まりです。

　これまで80万人近くが参加してきたこのコンクールには地方大会があり、そこで優勝した各州と自治区の代表51人が毎年アラバマ州モービル市に集まり、2週間にわたって学力・質疑応答・表現する自信・体力・特技の5カテゴリーで競い合います。

　全国大会はまず予選があり、そこを勝ち残った8人が決勝に進むのですが、予選で行われた、「表現する自信」カテゴリーを私は忘れることができません。

　51人を4つのグループに分けて、それぞれのグループに一つの質問をし、各代表が順番に答えるのですが、娘のグループに与えられた質問は「自分はこれからどのように変化の激しいこ

の社会の役に立っていきたいか」というものでした。

舞台に並んだ12人はそれぞれに今まで自分がどんなことをしてきてこれからどう自分を広い社会で役立てていきたいかを語りました。Causeの意識を持ち行動してこなければ答えられない質問です。

自分一人の利益ではなく、コンクールの開催地であるアメリカだけの問題でもなく、もっと広い世界を見つめ堂々と話す高校3年生に私は感銘を覚えました。

次世代のグローバル社会で活躍する人を輩出するアメリカエリート校のCause教育

　イギリスのタイムズ紙が毎年発行する教育情報誌「Times Higher Education」2019年版で発表された「世界大学ランキング」によると、トップ20校のうち15校がアメリカの大学となっています。

　このランキングはテストの成績だけでなく、教授の研究やその質など、あらゆる要素を総合的に審査したもので、上位にランキングしている大学は、グローバルな高等教育をリードし、多くのグローバルで活躍する人を輩出していると考えることができます。そしてそれらの大学ではCauseのメンタリティーを非常に重要視しています。

　というよりもCauseのメンタリティーがなければ、これらの大学への合格はない、といっても過言ではないでしょう。

 Causeがなければエリート大学には合格できない

　実はアメリカの受験もかつては、今の日本のように点数主義でした。アメリカ版のセンター試験として知られるSAT

(Scholastic Assessment Test／大学進学適性試験）が合否を左右していたのです。

ところが、今では全米にある主なる3000近くの大学のうち約300校以上がSATやACT（SATと似たような共通テスト）という共通テストを受けなくてよいとし、代わりにほとんどの大学が、ホリスティックアプローチと言われる新たな人物評価を採用しているとうたっているのです。

なぜなら点数主義で集まってきたのはテストの点数ばかり取れる同じような子どもたちばかりで、これでは社会の発展がないと大学が危惧したからです。そこで生まれたのがこの**ホリスティックアプローチ**でした。

ホリスティックアプローチとはテストの点数だけでなく包括的に個人を評価しようという方法で、「私はこういう人間です」ということを書く機会を与えるためにエッセイ（小論文）を課していますが、エッセイの中で主に問われるのはCauseです。

日本ではエッセイというと随筆とか散文といったイメージが強いようですが、アメリカの大学受験でいうエッセイというのは、何を考えどんなことをしてきて、これから何をしようとしているのかを知ってもらうためのいわば自己紹介のようなもの。

このエッセイは、社会に対してどれだけ関心があり、どんな意識を持って生きてきて、そのためにどんなことをやってきたのか。入学したらどんなことができるのか、卒業して社会に出たら学校の名前を背負ってどんなことをしてくれるのか、といったことを審査する手がかりとなります。

たとえば、「私はバレエが大好きで10年間一生懸命練習しました。そしてコンクールにも入賞しました。大学に入ってからも続けたいです」とエッセイに書いたとします。これでは評価されないでしょう。なぜなら自分の興味と自分の努力で完結していて恩恵を受けるのは自分だけだからです。

　大学がどんなに素晴らしい教育を与えたところで、自分に役立てるだけでどこにもお返しをすることはない——このような生徒には大学は投資したがりません。

　ですが、「私はバレエが大好きで10年間一生懸命練習してきました。完璧な骨格じゃないからダメと言われることのほうが多かったけど、私が続けることができたのは笑顔があったからです。その笑顔はバレエを習う機会のない子どもたちの住むところに行って夏休み中やっているバレエ教室のアシスタントで出会う子どもたちの笑顔です。完璧ではない私のバレエは、それでも誰かを幸せにすることができる。だから大学に行ったら踊るのも大切だけど、大学周辺のバレエを習えない環境にある子どもたちにバレエを広げる活動をしたいと思っています。そしてバレエの楽しさ、踊ることの楽しさを伝えたいです」とエッセイに書いたらどうでしょう。

　Causeの意識があるとないとではこれだけ違います。そしてそんな意識と行動を育むCause教育は幼稚園から始まります。

　また、以下はアメリカ型大学受験がどのようなものかを書いた本で、私が読んだ本でも特に役立ったものです（89ページ）。

8 　大学の選び方においておススメの本

『The Gate Keepers』(Jacques Steinberg)

ニューヨーク・タイムズ紙の記者が、一年間アメリカの名門ウェズリアン大学の入試課を取材したノンフィクション。大学が求める人材、大学にとって大切なこと、合否のポイントなど点数主義とは真逆の実態が描かれています。

『Excellent Sheep』(William Deresiewicz)

エール大学の教授が書いたベストセラー本で、大学の選び方やエリート大学の問題点を指摘しています。

『Colleges That Change Lives』(Loren Pope)

有名校以外の素晴らしい大学に光をあてた本。1996年以来のロングセラーです。

4歳から始まるCause教育

アメリカのエリート校では、大学のみならず次世代のグローバルで活躍する人を輩出すべく4歳からCauseの意識を植えつけます。

娘は創立100年を超えるワシントンDCの私立初等学校に通いましたが、この学校はかつてはケネディ家のお嬢さんや多くの著名人の子女が通ったことでも有名な名門校です。

この学校は点数ではなく見えない部分、自信・自己肯定感・主体性・柔軟性・想像力・回復力・グリット・社会性・共感力などを含む「非認知能力」の教育にフォーカスしていましたが、なかでも私が一番驚いたことは、**「夢の見方が違う」**ということでした。

私は子どもの頃「将来何になりたい？」という夢（いわゆる将来の夢）を持ちましたが、娘やその友人たちは、先生から**「自分はみんなのために何をしたい？　そのためにはどうすればいい？」**と質問されます。自分というエゴを通り越した、コミュニティーという大きな枠の中で夢を見ることを教えられるのです。

したがって、「ケーキが好きだからケーキ屋さんになりたい」ではなく、「小麦アレルギーのお友達もケーキが食べられるように小麦を使わないケーキ屋さんになりたい」という夢を見るのです。

グローバル社会を牽引する多くのリーダーを輩出するアメリ

カのエリート校では、子どもたちに4歳から身近なことに対する問題意識を持ち、「自分は何ができるのか」を自問するよう習慣づけます。

　そういう子どもたちが、社会を牽引する人を多数輩出するエリート大学に合格し、あらゆる分野で世界のリーダーとなっていくのです。

13
幼児期から始める家庭で実践するCauseの育み方

　グローバル教養の要でもあるCauseは、グローバル社会で生きる一人ひとりの責任です。共感力と人との繋がりがなければグローバル社会では活躍できません。

　では、Causeはいったいどうやって家庭で育んでいったらよいのでしょうか。我が家で実践してきたことをいくつか挙げたいと思います。

親がCauseの意識を持つことで子どものCauseの芽を育む

　たとえば日々の生活の中でゴミの分別をすることも、意識的に行えばCauseになります。ゴミを分別することは環境保全に繋がるからです。

　大小にかかわらず社会の問題に目を向け、その問題を改善するために自分のできることをすれば、それは立派なCauseになるのです。そのような意識を持てばお子さんに話をするときにも自ずと話し方が違ってきます。

　具体的には「そういうことになっているからやっている」ではなく、「これが環境を守るから」に変わっていきます。

Causeは「自分にできることは何か」の質問で育む

家族で子どもの年齢に合った時事問題を夕食時などに話し合い、そこで子どもに「自分は何ができるか」を考えることを習慣づけると、自然に問題意識を持つようになるでしょう。

我が家では、それを夕食の時間に同じ新聞の記事を読んだりして実践していました。

新聞で読んだ問題やテレビで見たことに「どう思う？」と質問し、「どうすれば良くなると思うか？」と意見を聞き、「こんな方法を取っているみたいだけどそれについてはどう思うか？」「あなたならもっと良くするためにどんなことをすると思うか？」と、どんどん質問の幅を広げていきます。

Causeは家庭でのお手伝いから始める

助け合う、自分のできることで貢献する、これは社会の基本です。グローバル社会という大きなコミュニティーでCauseを持つには、まずは自分がコミュニティーの一員であるという意識が必要になります。

コミュニティーの最小単位は家族ですから、我が家では年齢に適したお手伝いを課してきました。

たとえば使ったお皿は下げ、自分で洗うか食器洗い機に入れる。ベッドメイクをする。洗濯物はまとめておく。自分の部屋は自分で掃除する、などちょっとしたことでも、家族の役に立つことはできます。Causeは家の中から始まります。

その際に、親も「やって当然」ではなく、「やってくれてあり

がとう」と感謝すると、より自分が誰かの役に立つという意識を植え付けられるかと思います。

コミュニティーサービスという身近にあるCauseに参加する

身近なところから始められ、そして小さい子どもでもできるCauseとしておすすめなのが、住んでいる地域でボランティアできることを探すことです。これを英語で「Community service（自分が住んでいるコミュニティーへの社会貢献）」と言います。

たとえば娘の幼稚園では、ワシントンDCの貧困家庭への寄付を募るために一人500円を払って校庭を歩く資金集めや、保護者が焼き菓子やパンを寄付し、それを売ったお金を幼稚園の運営費に充てるベイクセール、サイズが小さくなり着られなくなったけれど綺麗に使った服の寄付、クリスマスの時期におもちゃを買うのが困難な地元の低所得者層の子どもにおもちゃを送るToys for Tots（トイズフォートッツ）へのおもちゃの寄付、クリスマスツリーに飾りの代わりに手袋とソックスを飾ったツリーを作ってクリスマスの後それを寄付するなどの活動を行っていました。

小学校になれば、ワシントンDCの北東地区にある低所得者層の人を支援するボランティア団体「マーサズ・テーブル」でお手伝いをしました。

こうした活動を通じ、世の中には自分とは生活環境の異なる人がいること、サポートを必要としている人がいることを知り、

共感力と問題意識が芽生えます。

みなさんの周りにこんなふうにお子さんが参加できるボランティアはありますか。そのような活動に参加するのも、できることから始める良い方法かと思います。

おおごとでなくていいのです。まずはできることから始めてみる、それが大切です。

好きなことを軸にしてCauseに参加する

Causeは「こうしなさい」「この問題を解決しなさい」と誰かに言われて芽生えるものではありません。Causeの原動力となっているのは、パッション。世の中をもっと住みやすくしたい、世の中をもっと便利にしたい、世の中をもっと楽しく美しくしたい、自分だったらどうするか、そのために自分には何ができるかといった人それぞれの意見が根底にあり、それを実現するために活動することです。

それはビジネスという形かもしれないし、仕事が終わった後のボランティアかもしれない。または寄付かもしれません。

弁護士で外交官の夫は、90年代に南アフリカでアパルトヘイト撤廃に献身しました。彼のCauseは人種差別のない世界に貢献することで、そのために夫はときに命を狙われながらも南アフリカを縦横無尽に駆け巡ったのです。

そして退官後は、研究所でさらなる人種差別撤廃のために研究を続けましたが、その世界から引退した後のCauseはバレエの維持と発展。バレエは夫のパッションなのです。

芸術関係は政府の資金が危うくなると真っ先に助成金を切られる分野です。リーマンショック以降公的機関からの助成金は減る一方で、そうなるとワシントンDCのみんなに美しいバレエを見せるための質の高いダンサーを雇えなくなります。資金がなければ新しい現代バレエを製作することはできません。それでは芸術の発展がない。そうして夫は仕事の合間に芸術の発展のため、バレエ団の資金集めに駆けずり回っているのです。

娘はバレエが好きだったので、老人ホームを回って踊ったり、貧困層のバレエ学校の先生のアシスタントをしたりしました。また、学校でラクロスのキャプテンをやっていたお子さんは、夏休みに、普段ラクロス部に触れる機会のない貧困層の子どもたちにラクロスを教えていました。

このように、自分が関わっていることやパッションを軸に、地域などの身近なところから何ができるかを考えると、始めやすいと思います。

 ## 親子でCauseに参加する

親であるあなたがCauseの意識を持ち、自分のCauseを持ち、Causeのイベントに参加するようになったら、ぜひお子さんを連れて行ってください。

アメリカでは、子どもを赤ちゃんバッグに入れて乳がん撲滅や男女平等、自閉症への認知を高めるCauseのためにマーチするママをよく見かけます。

また、すでにCauseを持ち活動されている方や仕事の関係などでCauseのイベントに参加する機会が多い方は、そうした場

にお子さんを連れて行くのはいかがでしょうか。

我が家でも、夫や私が主催したり、参加したりするCauseのイベントに、娘をよく連れて行きました。どうしてパパやママはこういうことにお金や時間を使っているのかを知ってほしかったからです。

美術館でのイベントにもよく連れて行きましたが、パーティーのチケットを買うことによって、社会にとって大切なアートを守る美術館が存続できるお手伝いをしているということを説明するためにも連れて行ったのです。

 ## 子どものCauseを応援する

親の行動を見ているうちに、きっとお子さんにも興味が芽生えてきます。そして、お子さんが興味のあるCauseを見つけたら、それに関して情報を集めて応援してあげましょう。

こういうときこそ、情報量の多い親の出番です。そのCauseのために頑張っている団体を探し、協力できることは何かを問い合わせ、子どもが小さければ親子で参加するとよいでしょう。

もし興味が乳がん撲滅だったら(実は母親が乳がんを患ったことによってこの活動に興味を持つ子どもがとても多いのです)、乳がん治療研究支援としてレモネードを売って寄付を募ってもいいし(多くのお子さんが夏にこのようなレモネードスタンドをやっています)、お小遣いやお年玉の一部を寄付するというのでもいいでしょう。

ちなみに娘の友人のお誕生日会では、プレゼントの代わりに子どもが選んだチャリティーへの寄付を求めるものがありまし

た。またプレゼントとして本を持ってきてもらい、それを貧困層の学校などに寄付するというのもありました。

このようにCause活動にはいろいろなことがあります。

 ## 私とCause

私が最初にアートギャラリーを開こうと決めたときの目的は自己実現のためでした。ですが娘の幼稚園で「あなたは学校がある近所をもっと良くするためにどんなことができると思う？」と先生が4歳児に聞いているのを耳にして、「私を応援してくれる人がいないのは、私が自分勝手な夢だけを見ているからだ」とハッとしたのです。

私の夢は誰かのためになるのか？
私のギャラリーは誰かを笑顔にすることができるのか？
いったい私のギャラリーは何の役に立つのか？

「欧米の下に見られがちなアジアへの興味を高め、今あるアジアの美しさとパワーをアジアの現代アートを通じて多くの人に広める」

それが私のCauseとなりました。

そうしてアジア現代アート専門のギャラリーを開き、2年後の2006年に中国現代アートの市場が急成長し、ギャラリーは大忙しとなり、アートコレクターや美術館と協力してもっと多くの方にアジア現代アートに触れる機会を提供することができ

るようになりました。

私はアジアやアートを愛する多くの人とCauseを通じて繋がり助けられたのです。

アジアの素晴らしさを、アートを通じて広めるという私のCauseが共感を生み、いろいろな人と繋がることで大きな結果を見始めた頃、私は第2のCauseを探し始めます。それが人生の折り返し地点に来たときに始めたライフコーチでした（その詳細は別のところで説明します）。

一人で成し遂げられることには限界があります。でも同じCauseを持つ人が繋がればもっと大きなことができます。そうして社会がより良くなっていく。Causeにはそんなパワーがあるのです。

ちなみに私が日本で参加したCause活動は日本テレビの「愛は地球を救う」の募金活動でした。中学生のときでしたが、一日中街頭に立って声を張り上げました。今は番組を見ている間にクリックで寄付することもできるそうですね。これこそ「Clicktivism（クリックティビズム）」です。

  ## 娘スカイとCause

娘が小学校3年生のときのことです。あるとき「アフリカの児童養護施設では勉強するための鉛筆もノートも買えない」という記事を読みました。それで友人と一緒に作ったレモネードを家の前を通る人に買ってもらい、そのお金をアフリカの児童養護施設に寄付する財団「Kidz2gether.org（キッズトゥゲーザ

ー）」をその友人と作りました。活動を継続できるようにきちんと経費は差し引いたうえで、資金はお小遣いから出しました。

　そうして夏の暑い日はレモネード作りに励み、集まった寄付を「誰もが楽しく勉強できる」ために、アフリカの孤児院に送ったのです。

　東日本大震災の起こった2011年にもいろいろなレストランに協力を求め、レストランの入口脇でレモネードを売らせてもらい、集まった資金を全て孤児となった東北の子どもたちのお世話をしていた全国里親会に寄付し、くわえて福島県いわき市で被災した子どもたちが安全に遊べるようにとの願いから作られた「チャイルドハウス」でバレエを教えるボランティアをしました。

　高校生のときには「日米の架け橋」となるべく日米間の問題を日米の高校生が話し合う「High School International Students Forum（ハイスクールインターナショナルフォーラム）」を友人たちと一緒に立ち上げました。そこでは貿易問題・外国人就労問題・女性活躍などを話し合い、まとめた提言書をワシントンDCの日米研究機関に送りました。

　そして今は、差別のない住みやすい社会を作ることに貢献するべく、大学生を中心とした話し合いのネットワーク作りに励んでいます。

第 3 章

目に見えない教養3

教養あふれる会話と会話術を身につける

14

魅力あるコミュニケーション1

グローバル社会の メンタリティーを身につける

　多種多様な人が集まり協働する社会では、公用語である英語ができなければグローバル社会に参加することができず、傍観者で終わってしまいます。

　グローバル化する社会で生きていくためには、大人も子どもも英語はある程度できて当たり前の時代が来ていますが、**大切なのがグローバル社会のメンタリティーを知った上で英語を使うということです。**

　グローバル社会では日本の常識が常識でないこともあれば、日本ではさほど気に留めないこともおおごとだったりします。グローバル社会のメンタリティーを知らずに英語を話していても他の人とは繋がれません。私はそれを知らなかったがために壁の花となり、友人を失ったのです。

　私はここでもグローバル社会の壁にぶつかりました。

グローバル社会のメンタリティーを知らずに 英語で失敗した私

　ロンドンの大学院で出会ったアメリカ人の友人が、ドイツ人の彼と結婚しイタリアのフィレンツェに移り住んだときのこと

です。「遊びにおいで」と言われて3日間新居に滞在し行動を共にしました。トスカーナ地方の美しさ、おいしい食事とワインに舌鼓を打ちながら、私は「Oh My God!」を連発しました。そのときは日本流に「すごい！」くらいの意味だと思っていましたから、何も気に留めていませんでした。

　すると最終日に「神様の名前を無駄に使うあなたにはもう耐えられない」と空港でスーツケースとともに放り出されてしまいました。

　世界には信心深い人がたくさんいます。なんといっても世界は宗教で成り立っていますから。

　このような反応を示す人は私の友人だけではありません。娘の学校でも夫の仕事でも、なんでもないことに「Oh My God」と言う人に眉をひそめる人は大勢います。ですから私も「Oh My God」はよほどのときしか口にしなくなりました。

　このような日本と世界の違いも含め、知らないと損をするグローバル社会で活躍するためのコミュニケーション術のコツをご紹介します。

　メンタリティーは必ず態度や言葉にあらわれます。コミュニケーション術の前に必要なのが、今どきのグローバル社会のメンタリティーを知ることです。

　日本のメンタリティーと少し違うところもあるかと思うのでまずは我が家でも大切にしているグローバル社会に必須の3つのメンタリティーをご紹介します。

グローバル社会に求められる
ポリティカリーコレクトなメンタリティー

　グローバル社会はインクルーシブ(排他的でない、包括的な)な社会。だからこそ違いにとても敏感です。

　このようなグローバル社会では**「ポリティカリーコレクト(Politically correct／政治的妥当性)」**というメンタリティーが欠かせません。

　ポリティカリーコレクトとは、人や社会に対して公正・公平で、差別や偏見が含まれていないことです。それはなんでも同調したり、賛同したりすることではありません。自分がそれについて賛同するか反対するかは全くの別問題です。

　ポリティカリーコレクトとは相手の存在を認め立場を思いやる、そんな共感力のことで、これは多様化が進むグローバル社会で欠かせないものです。

　私の「Oh My God」の連発は信心深い人にとって大切である「神」を冒瀆(ぼうとく)する発言だったようで政治的妥当性と共感力に欠けていてポリティカリーコレクトではありませんでした。

グローバル社会のジェントルマンに
求められるメンタリティー

　1970年代のウーマン・リブ、男女同権運動を経て、女性にも開かれた社会になりつつある現代では、男女のあり方も変わってきました。

　女性が白い手袋をし、男性にリードされるのを待っていた時代は遠い昔。それとともに男の子と女の子の育て方も、以前とは少しずつ違ってきています。

今の時代、女性に対し深いリスペクトを持ち、高い共感力と優れたコミュニケーション能力を持つ男の子を育てることが大切です。

グローバル社会ではますます男女同権が進みます。そんなときに亭主関白的な男性優位の共感力に欠けたメンタリティーでは、「一緒に頑張ろう」という社会で協働していくのは難しいでしょう。

素敵な男性の基本は「女性は同等の人間として尊敬すべき存在」

男の子の子育て本を書いたベストセラー作家、Steve Biddulph（スティーブ・ビダルフ）はメンタリティーの変化を次のように言っています。

「（ドアを開ける、女性を先に通す、重い荷物を持ってあげるなどの）レディーファーストの形は同じでも、それは『自分よりも弱い存在を守る』というメンタリティーではなく『一人の人間として敬意を表するため』。メンタリティーが全く違うのです。そしてそんなメンタリティーは必ず態度に表れます。女性は男性がいなければダメな弱い存在、ではなく、同等の人間として尊敬すべき存在である」

グローバル社会では男性はこのメンタリティーで英語を使うことが大切です。

これからを生きる女性に必要なのは
ガールパワーというメンタリティー

　1990年代初頭のアメリカで、女性ロックミュージシャンを中心に「女性は独立した存在であり、強くたくましい」とうたう、Girl Power（ガールパワー）ムーブメントが起きました。

　アメリカでは一過性で終わったものの、その思想はイギリスに渡り、1994年にスパイス・ガールズという全員が女性メンバーのグループの登場によって「女の子だってなんだってできる」というメッセージで見事に花開きました。

　スパイス・ガールズが新鮮だったのは、女の子は可愛くておとなしいという従来のイメージを打ち破り、自由でたくましい姿を打ち出していたから。

　メンバーもそれぞれ個性が異なり、大人っぽい人もいれば子どもっぽい人もいるし、セクシーな人もいればボーイッシュな人もいて、一人ひとりが違っていい、というメッセージも発信していました。

　スパイス・ガールズは結成からわずか6年で活動を休止しましたが、当時の女の子のみならず社会全体にも多大な影響を与え、2001年にはGirl Powerという言葉がオックスフォード英語辞典に掲載されたほどです。

「女の子だってなんだってできる！」が
ガールパワーのモットー

　我が家の子どもは女の子なので、これからの女子のGirl

Powerなメンタリティーとして、次のことをモットーにしてグローバル社会での子育てをしてきました。そして、同性として自分自身にも言い聞かせてきました。

「Girls can do anything!（女の子だってなんだってできる）」

　メンタリティーは必ず言動に出ます。ますます女性の社会進出が進むグローバル社会では、仕事を得るときに男性と競争することもあるでしょう。これまでは女性が珍しかった職種を選ぶことがあるかもしれません。そのときに「Girls can do anything!」のメンタリティーは威力を発揮します。

　ふり返ってみると、娘のプレイグループで車の運転ができなかった私はいつも夫に送ってもらい、学校の先生との面談も夫に頼り、他のママたちとの交流も夫がしてくれるのを待っていました。
　そんな「夫がいないと何もできない」私の態度やメンタリティーはガールパワーに欠けていて、私が壁の花となるのに十分だったのです。

日本の「女子力」と「ガールパワー」の違い

　日本女性の奥ゆかしさや内に秘めた強さ、そしていつも身だしなみを整えた見た目の良さには、日本に行くたびにハッとさせられるほどに素晴らしいものがあります。日本では、これを

「女子力」と言っているように思いますが、グローバル社会版の女子力である「Girl Power」とは異なるように思います。

　Girl Powerを一言で言えば、「見える女性の強さ」。強いパッションで行動を起こし、強いリーダーシップを発揮したり、強い発信力を持っていたりというように、男性を陰で支えるだけではなく、自ら表舞台に立ち、ときには男性を守る、そんな選択肢もあるのがGirl Powerです。私は、日本版の女子力も素敵ですが、グローバル社会の女子力も魅力的だと思っています。

 ## 声にみる「女子力」と「ガールパワー」

　実は、昨年初めてボイストレーニングを受けました。講演会に呼んでいただくことが多くなって、声が擦(かす)れないようにきちんと発声したいと思ったからです。そこでとても面白い発見があったのです。

　先生が「まずは英語と日本語で話してみて」と言ったので両方で「こんにちは、私は重子です」と言ったら、先生は「やっぱり」とおっしゃったのです。何がやっぱりかというと、「グローバル社会で働く日本人女性に共通すること」が私にもあったからでした。それは**「日本語だとトーンが高くなり、英語だと低くなる」**というものです。

　それはなぜか。日本にいるとどうしても「女性は可愛くあるべき」という感覚が強くて知らず知らずに可愛さとか弱さを感じさせる高めのトーンで話すのだそうです。ですが英語だと

「女性は強くあるべき」だから強さを感じさせる低めのトーンで話すようです。

　ちなみに私の声がかれるのは、無理して自分の本来の声域ではない高い部分で話しているからとのこと。私の本来の声は英語で話すときのようにずっと低いものなのでした。

15

魅力あるコミュニケーション2
ポリティカリーコレクトを実践する

　ポリティカリーコレクトなメンタリティーを理解した後は、そのルールを知り実践することが大切です。

ポリティカリーコレクトのルール1
ポリティカリーコレクトは言葉で示す

　「ポリティカリーコレクト」はそのメンタリティーを理解しただけでは足りず、態度で示すことが大切です。そのためには人種、肉体、能力、性的な差別的用語は、決して使ってはいけません。

ポリティカリーコレクトという教養を持たずにいると、とんでもない差別主義者や男尊女卑、そして基本的礼節に欠ける人と思われかねません。

　人種差別主義者や男尊女卑とのレッテルを貼られることはグローバル社会では最悪の人物評価です。ポリティカリーコレクトでなかったために、大学入試や就職が取り消されることもあります。

　第2章でお話ししたように、アメリカでは大学受験でもホリ

スティックアプローチといって、テストの点数や高校の成績だけでなくその人の全体を評価しています。そこにはSNSでの言動や振る舞いも含まれています。

現に2017年には、SNS上の発言が原因で、ハーバード大学に合格した学生10名が入学取り消しになりました。ハーバード大学への入学予定者が、フェイスブックでメンバー限定のネットワークを作り、そこで人種差別的な発言のやりとりをしたためです。

知っていながら使うのは最も許されないことですが、差別用語と知らずに使ってしまうことがあるかもしれません。音楽や映画などのポピュラーカルチャーで英語や英語圏の文化に触れることもあるかと思いますが、そこでのポリティカリーコレクトではない言動を真似て使ってしまうこともあるでしょう。

たとえば、ヒップポップなどでよく使われている、Nで始まる黒人を示す差別用語（Nigger／ニガー）は、曲の歌詞などになっているからいいだろうと思うのは大間違いです。グローバル社会で使ったら、一瞬にして人間性を疑われます。ときには訴えられることもあります。

それから、「four-letter word（フォーレターワード）」といわれる、4文字からなる卑猥な言葉（Fuck, Shit, Hellなど）も、絶対に使ってはいけません。

特に子どもの場合は映画やドラマで耳にすることで格好いいと思ってしまうかもしれませんが、俳優はセリフとして言っているのですから、決して真似しないようにしましょう。

知らずに使い相手を傷つけたり、誤解を招いたりしないよう、

親が使わないことはもちろんですが、子どもにも早いうちから「言っていいことと悪いこと」と「使っていい言葉といけない言葉」を教える必要があります。

 ポリティカリーコレクトのルール2
知っておくべきポリティカリーコレクトな言い方

　グローバル社会の公用語である英語において、ポリティカリーコレクトな言い方として、最低知っておくべき単語や表現を列記します。これは最低限のグローバル社会の教養です（113ページ）。

　意外に思われるものもあると思うので、いくつか簡単に説明します。

　「東洋」を指すOrientalも、今では物を指すときに使うくらいで、人に対してはグローバル社会では使いません。Asianを使います。

　女性だけではないのでStewardessはFlight attendant、男性だけではないのでWaiterではなくServer、女性もいるのでBusiness manではなくBusiness personと言い換えます。

　Illegal aliensは、トランプ大統領が使っていましたが、ポリティカリーコレクトな言葉ではありません。正しくはUndocumented immigrantsです。

　日本でもおなじみのMerry Christmasですが、グローバル社会で活躍する人には、ユダヤ教の人も多く、彼らはクリスマスを祝いません。クリスマスと同じ時期にハヌカといわれるユダヤ教のお祭りがあり、クリスマスとは起源も性格も違います。

9 | 知っておくべきポリティカリーコレクトな言い方

従来の言い方	ポリティカリーコレクトな言い方
Black	African American（アフリカ系アメリカン）
Indian	Native American（ネイティブアメリカン）
Oriental	Asian American（アジア系アメリカン）
Handicapped	Physically challenged（身体的に障害を持った人）
Blind	Visually challenged（視覚に障害のある人）
Deaf	Hearing impaired（聴覚に障害のある人）
Fat	Plus size, Overweight（プラスサイズ、オーバーウェイト）
Poor	Underprivileged（経済的に恵まれていない人）
Stupid/Retarded	Intellectually impaired（知的活動に障害のある人）
Homosexual	Gay（ゲイ）
Stewardess	Flight attendant（フライトアテンダント）
Waiter	Server（サーバー）
Business man	Business person（ビジネスパーソン）
Illegal aliens	Undocumented immigrants（登録されていない移住者）
Broken home	Dysfunctional family（崩壊した家庭）
Merry Christmas	Happy Holidays（ハッピーホリデーズ）＊クリスマスを祝うとき

ですからクリスマスの時期には、相手の宗教をはっきりと知っている場合以外はキリスト教の Merry Christmas は使わず、Happy Holidays と言うほうが教養と配慮を感じます。

カードやプレゼントを送るときも、我が家ではポリティカリーコレクトになるように、相手の宗教がわからない場合はクリスマスカラーの赤と緑、ハヌカカラーであるシルバーと薄いブルーは避けています。ですが宗教色の薄い日本人同士の場合はメリークリスマスで全く問題ありません。

それから自分に宗教的信念がない場合は「メリークリスマス」と言われたら「メリークリスマス」、「ハッピーホリデーズ」と言われたら同様に返せばよいかと思います。私もそうしています。

紹介した以外にも、ポリティカリーコレクトな単語はたくさんありますが、最低限上記を押さえておけば大丈夫です。

ポリティカリーコレクトのルール3
ジェンダーニュートラルな対応を心がける

アメリカやヨーロッパでは、ジェンダーニュートラルといわれる、男女の性差にとらわれない考え方が広がっています。

特にアメリカやカナダの高校や大学ではトイレは女子用と男子用に分けずに、ジェンダーニュートラルになっているところが増えてきています。見た目の性別と心の性別が異なる人は、男女別のトイレでは、トイレに行くこと自体が苦痛になるからです。

アメリカでは、LGBT の人を He でも She でもなく They と

表現することもあります。

　ヨーロッパでは2018年の終わりにドイツで第3の性Intersex（男でも女でもない性別）が法律で認められ、出生証明書にこの選択肢が加えられることになりました。これ以前にはどちらかの性を選ばざるを得なかった人もIntersexに変えることができるそうです。ヨーロッパ経済を牽引するドイツでの法改正は、これから様々な影響を及ぼしていくように思われます。

　また、カナダやスウェーデンでは、彼女・彼といった単語を使用せずに、性別にとらわれない新たな単語を子どもたちに教えているそうです。

　このように、性差にとらわれることなく、その人が望むその人に合った生き方を認めることが、グローバル社会では常識になりつつあります。これからのグローバル社会を生きる子どもたちにポリティカリーコレクトなジェンダーの知識は必須です。

16

魅力あるコミュニケーション3
議論のルールを守る

会話の上手下手に内向的か外向的かは関係ない

　ポリティカリーコレクトのメンタリティーを知ったあとは、魅力あふれる会話術を身につけることがグローバル社会では必須です。

　もしかしたらお子さんが内向的で心配だなあ、と思ってらっしゃる親御さんもいるかもしれません。でも心配はいりません。魅力的な会話術を身につけるうえで、内向的か外向的かといった性格は関係ありません。

　たとえば、内向的な子どもやおとなしい子どもの場合、親御さんは「うちの子は会話が苦手」と思うかもしれませんが、決してそんなことはありません。会話とは「話す」だけではないからです。

　会話には「話す力」以外にも、「聞く力」「共感力」「理解力」などいろんな要素が含まれています。会話を形作る要素の中から、子どもの得意なことを見つけ、子どもの性格に合った会話のスタイルを身につけさせてあげましょう。

　聞く側に回りがちな子どもには、「あなたは本当に聞いてあげるのが上手ね」「きっとあなたが相手だと話しやすいのでしょ

うね」など、子どもができることを評価し、自己肯定感を高めてあげてください。そして良いところを認めた後で「今度は質問もしてみたら？　きっとその子がもっと考えるきっかけになると思うよ」など、質問することの大切さに気づかせてあげましょう。

　反対に自分が話すばかりの子というのは、積極的で外向的なのはいいのですが、良い会話の相手とはいえません。人の話を聞かなかったり、自分の意見を押し通したりして、周りから敬遠されてしまうこともあるので、「●●ちゃんは、どう思っているんだろうね」など、相手の考えを聞くことの大切さに気づかせてあげましょう。

　気づかせるときのポイントは、子どもの心を傷つけないようにすること。その子の得意とするところを評価し褒めた上で、苦手な部分を補強するよう「こうしたら」と具体的な提案を交え誘導してあげることです。

　子どもの性格を変えるよりもするべきことは、好感度の高い議論のルールを教えることです。実は我が家は、娘も私も少し内気なところがあります。そんな我が家で実践していた議論のルールはこちらになります。

議論のルール──
会話のキャッチボールを心がける

　グローバル社会で成功するコミュニケーションの基本は議論です。

　一方的に話すのも、一方的に聞くのも、どちらとも会話とはいえません。こちらが相手に対し言葉を投げかけ、投げかけた

言葉に対し相手が言葉を返してくる。その繰り返しが会話です。会話は意見のキャッチボールなのです。

　私は渡米した当初、このキャッチボールがうまくできませんでした。なぜなら、日本の縦ラインのコミュニケーションに慣れきっていたからです。

　家では親が「こうしなさい」と言い、学校では先生が「こうしなさい」と言い、会社では上司が「こうしなさい」と言う。どこにいても上から命令や指示が下りてきて、それに従うことが求められていたため、自分からは意見を言わず、相手が何かを言うまで待っている、つまり命令指示待ちが癖になっていたのです。

　でもグローバル社会は、お互いに意見を出し合い、話し合い、たとえ上下関係があっても、命令指示型の縦ラインのコミュニケーションではなく、相互にキャチボールできる横ラインのコミュニケーションをするのが常識です。

　命令指示待ちに慣れてしまった方は、お子さんがそうならないようにコミュニケーションは言葉のキャッチボール、議論であることを意識することがまず大切です。私もまずはそこからのスタートでした。

　議論の練習に最適なのは家庭です。119ページで家庭でもできるグローバル社会のコミュニケーションで心に留めておくべき議論のルールを紹介します。

10　議論のルール

聞き役になる

自分のことを話したがらない人はいません。自分に興味を持ってもらい、自分の話を聞いてもらえることは誰しもうれしいもの。ですから、聞き役になるということはとても重要です。意外だとよく言われるのですが、実は私は内向的な部分が強く自分が話すより人の話を聞く方が大好きなのです。だから聞き役として重宝がられています。

良い聞き役になるために相手に質問をする

聞き役になるといっても、黙って話を聞くだけでは、いい聞き役とはいえません。いい聞き役とは、相手に気持ちよく話をさせること。つまり相手に質問をすることが重要です。私はアメリカの日本語新聞でインタビューの連載を8年続けたのですが、そこで人の話を聞き、質問することの大切さを学びました。質問されると相手は自分への興味を感じ心を開いてくれます。繋がるためには大切なスキルですので、是非ともどんどん親子で質問しあう癖をつけましょう。

良い聞き役は話している人を遮らない

コミュニケーションで大切なことは相手を辱めないこと。だから「長い」と思っても、話が飛んで「なんの話だっけ？」と思っても、とにかく聞くことに徹します。

良い話し手は自分ばかり話さない

一番嫌がられるのが人の話を聞かずに自分ばかり話す人。聞いている人の目が泳ぎだしたら即座に話を誰かに振りましょう。

良い聞き役と良い話し手は相手を否定しない

自分と何から何まで同じ考え、同じ思いを持っている人などこの世には存在しませんから、意見が違うというのはごく自然なことです。
大切なのは、「それは間違っている」「その考えはおかしい」と相手を否定することではなく、それぞれに意見を持っていることを認め合うこと。そうすると、意見が違う同士でも、健全なディスカッションが生まれます。

魅力あるコミュニケーション4

アイスブレーカーを用意する

　コミュニケーションで最悪なのはシーンとした間。お互い何を話していいかわからず時間が止まったようになることです。そこからあなたやあなたのお子さんを救済するのがアイスブレーカーです。

　グローバル社会にはいろんな背景を持つ人がいます。だからこそ何を話していいかわからないという状況も少なからずあるでしょう。そんなときのために、大人も子どももアイスブレーカーを決めておくといいでしょう。

アイスブレーカーとは

アイスブレーカーとは、会話をスムーズに始めるための話題のこと。会話のきっかけをつくり、お互いの間にある壁を壊すという意味で、こう呼ばれています。

　アイスブレーカーとして好ましいのは、スポーツやスポーツ選手、ゲーム、話題の映画や歌手、アート（特に現代アートは知的な人の間では最適のアイスブレーカーです）、テレビ番組など、当たり障りのない話題です。

　たとえば、娘が全米最優秀女子高生コンクールに参加したと

きは、他の代表の子たちと、時間内にケーキを焼きどれが一番おいしいかを決めるテレビの料理番組をアイスブレーカーにして、親しくなったと言っていました。

同じ目的のために参加しているとはいえ、代表者はアメリカ各地から集まってきますから、娘のように首都から参加する人もいれば、人口200人の小さな町から来る子もいるし、育ってきた環境も違えば、やってきたこともそれぞれ違います。

ですから誰もが参加できそうな共通の話題を探るため「最近、どんなテレビ番組を見ているの？」という質問をして、話を広げていったそうです。

当たり障りのない話の代表ともいえるのが天気の話ですが、グローバル社会で活躍する人の世界ではこれは挨拶程度にしかなりません。子どもにおいては、そんな話をしても会話は盛り上がらないでしょう。

アイスブレーカーとなるような話題を決めておくと、いざというときに子どもも話しやすいかと思います。一方で、アイスブレーカーにふさわしくない話題もあります。123ページで紹介しますので、参考にしてください。

18

魅力あるコミュニケーション5

困ったときの対処法を知っておく

　踏み込んだ質問をしてくるのは無邪気な子どもだけではありません。聞いていいことと悪いことの境界線があやふやな大人はどこにでもいるものです。

　万が一、そのような会話になった場合は大人も子どももこの方法でエレガントに乗り切ります。

 個人的な質問や答えたくない質問をされたときには「答えたくない」と言ってよい

　大人の場合は結婚しているかどうか、子どもの場合はボーイフレンドやガールフレンドはいるのかとか、プライベートな質問をしてくる人がいます。それが大人であっても子どもであっても自分にとって答えたくない質問や失礼な質問には、「I prefer not to answer that.（できれば答えたくありません）」とか「I don't feel comfortable talking about it.（その質問に答えるのはちょっと気詰まりです）」とはっきり言って大丈夫です。

　最近では全米オープンの優勝インタビューでブーイングが起きたなかで優勝した気分を聞かれたときに、大坂なおみ選手が「I am sort of gonna defer from the question（その質問に答え

11　アイスブレーカーにふさわしくない話題

政治

アメリカもそうですが、グローバル社会では政治に対しほとんどの人が強い関心を示し自分の意見を持っています。大人に限らず子どもでも政治に関心があり、高校生にもなれば自分だったらこうする、この選挙ではこの人に投票すると自分なりの政治論を持っています。

それだけに政治に関する話題は、過熱しやすいし過激になりやすく違いが相手を批判したりなどネガティブな形で際立ちやすく、相手の立場も知らずにその国の政治や代表者を批判したりコメントすると、居心地の悪い思いをすることにもなりかねません。政治の話題は避けるほうが懸命です。

宗教

お正月には初詣に行き、クリスマスにはプレゼント交換をし、結婚式は教会であげ、お葬式はお寺に行き、家には神棚。どの宗教に関してもオープンマインドな日本では、ピンとこないかもしれませんが、世界は宗教で成り立っているといっても過言ではありません。

宗教対立は世界各地で絶えませんし、宗教の話はとてもセンシティブなので、話題にしないのが無難です。

お金

たとえば親の年収や身につけている服の値段など、プライベートなお金の話は避けましょう。

イギリスのある高校では最近高級ブランドのコートを着用禁止にしました。買えない子どもや買ってあげられない親が辛い目にあうからとのこと。それだけお金はセンシティブな話題なのです。

身体的なことや性に関すること

身体的な特徴も本人にとってはとてもセンシティブなこと。性別や性に関することも触れないようにしましょう。

たとえば、日本では小顔が良いとされますが、これを海外で褒め言葉として言うと確実に変な顔をされます。なぜなら小顔＝美しいという概念がないからです。

プライベートなこと

親が離婚したとか、再婚したとか、シングルで育てているといった家庭環境についても、話題にすべきではありません。プライベートなことは相手が話してこない限り、あまり根掘り葉掘り聞かない方が良いでしょう。グローバル社会では往々にして親と子どもの名字が違う場合がありますが、そんな時は「どうして？」なんて聞かないことがグローバル教養のある人です。

ることは避けたいと思います)」というようなことを言っています。

誰かがポリティカリーコレクトではない 単語を使ったり、発言をしたりした場合

相手を批判する必要はありませんが、はっきりと自分は同調しないということを伝えて大丈夫です。英語だと「I see your point, but, I don't agree with you.(なるほどね、だけど同感はできないな)」です。特に二人だけではなかった場合に何も言わないと同類と思われてしまい、そちらのほうが危険です。

大切なのは感情的に言うのではなくさらっと言うことです。

不快な顔をしたり、「そんなことを聞くのは間違っている」などとたしなめるのは、相手を辱めることになるので、しないようにしましょう。怒ったり、傷ついた様子を見せないことが大切です。

海外で「あなたの宗教はなんですか?」と 聞かれたときの対処法

グローバル社会では、あらゆる宗教に対してオープンであること、宗教で差別しないことがスタンダードです。これに関して日本人は世界一かと思います。

ただし、日本人は宗教に関して寛容でオープンマインドな代わりに、自分たちが宗教を信じているという意識も希薄です。そこで問題となるのは、「あなたの宗教はなんですか?」と聞かれたときです。

多くの方が「特に信仰する宗教はありません」と思ってしま

うのではないでしょうか。でもこれをそのまま英語で言ってしまうと、**「無宗教= Atheist（自分よりも大きな存在、神を信じない人）」**となり、強烈な政治的宣言となってしまいます。

　ですから、私はこのような場合「日本には神道という古来の宗教があって、そこに仏教が入ってきて、だから日本人の生活はこの二つに基づいている」と言うことにしています。そうするとたいていは「おー、君は仏教徒か。それはいい」となります。

　グローバル社会では子どもでもしっかりとした宗教観を持っていることが多いので、子どもと宗教や宗教観について話し合っておくと、役に立つときがあります。

　仏教や神道について興味を持ち、質問をしてくる人も多いので、仏教や神道の知識は、グローバル社会に生きる日本人としてある程度持っておいたほうがいいでしょう。

19

魅力あるコミュニケーション6
好感度の高い英語を話す
5つのスキル

「気持ちのいい人だな」と思われることはコミュニケーションの基本で、グローバル社会でも同じです。

英語にも好感度の高い使い方があります。好感度の高い英語でのコミュニケーションで身につけるべきスキルは、以下の5つです。大人も子どももこの点を守ればグローバル社会で好感度の高い英語のコミュニケーションを図ることができます。

スキル1
4つのマジックワードを徹底的に使う

英語が上手下手に関わらず、以下の4つの単語を適切なタイミングでしっかり使っていれば、好感度抜群です。

Thank you

感謝を表す Thank you は、何かしてもらったら必ず言います。誰に対しても、そして小さなことに対しても、当たり前と思うようなことに対しても、です。

Hello

挨拶の言葉 Hello は、顔見知りの人に対してはもちろん、アメリカでは犬の散歩をしていてすれ違った人にも、お掃除をしているおばさんに対しても言います。

Hello を言わずに通り過ぎると、「何かこの人後ろめたいことがあるのかな？」と思われかねません。目が合ったら、にこやかに Hello と挨拶をしましょう。

Please

Please は日本語だと文の中に入っていることが多く、わざわざ付け足したりしません。だから英語に直したときにも省いてしまいがちですが、Please がないとちょっとぶっきらぼうに聞こえるようです。

グローバル社会において、英語で何かをお願いするときは、たとえば「Water, please」というように、最後に please を必ずつけるようにしましょう。

Excuse me

Excuse me は日本語に訳すと「失礼」「失敬」で、日本にいるとこうした言葉はそれほど使わないのではないでしょうか。

でもグローバル社会ではちょっと体が触れたり、話の途中でわからないことがあったりしたら、必ず Excuse me と言います。これを言わないとかなり失礼な人と思われます。

私は Excuse me を言わずに失敗したことが何度かあります。あるとき、映画館で真っ暗ななか席を探していたら座っていた人の膝にぶつかったのです。それほど強くぶつかってもないし

そのまま通り過ぎたら反対にその女性から「Excuse me!」(この場合は「ちょっと失礼じゃない」という感じです)と言われてしまいました。

スキル2 英語で話すときは「言い訳フレーズ」で始めない

堂々としていることが大切なグローバル社会では、行きすぎた「謙虚」は「自信のなさ」と受け取られます。

もし129ページのような日本語の常套句が英語でも癖になっている場合は、英語では使わないようにしましょう。大切なのは堂々と自分の意見を言うことです。

スキル3 発音は気にしない、大切なのは正しい文法と語彙力

帰国子女も、10歳前に渡米・渡英したのと、10歳以降に渡米・渡英したのとでは、ネイティブの発音を身につける度合いが違うといいます。

10歳以前は現地の人と変わりなく発音できるようになりますが、10歳以降になるとどんなに長く滞在して英語が上手になっても、発音に関してはネイティブの耳からするとどこか違うということです。

このように、ネイティブの発音を身につけるということはタイミングもあるので、お子さんやご自身の英語の発音にはそれほどこだわらなくてもよいと思います。発音がよくても、文法が間違っていたり、語彙が少なかったりしたら教養は感じられません。逆に発音が上手でなくても正しい英語を話し、アカデ

12 「自信のない人」と思わせる言い訳フレーズの例

I am sorry to bother you
（お忙しいところすみません）

忙しいのはお互い様なので、謝る必要はありません。

I am sorry about my English
（下手な英語ですみません）

外国人だからネイティブでないのが当たり前。
話していればすぐにわかるので、わざわざ言う必要はありません。

I know it's not that interesting
（つまらないものですが）

「適当に選んだの？ だったらいらない」と思われるかも。

I know you don't agree with me
（もっと良い考えをお持ちかとは思いますが）

「だったら聞く必要ない」と思われても仕方ないです。

I am not sure if I am right
（私の言っていることが正しいかどうかは別として）

「そんなあやふやなこと聞きたくないわ」と言われかねません。

ミックな単語を使うと教養が感じられます。

　たとえば何かについて好意的な気持ちを伝えるとき、like（好き）だけではなく、favorable（賛成する、よい）とか、appreciate（高く評価する、味わう）とか、違う言葉に置き換えて伝えると教養が高いとみなされます。

　発音に集中するよりも、正しい文法を覚え、語彙量を増やすことに時間を使うほうが有効です。

スキル4
耳に心地よくない省略形は使わない

　英語の省略形はなるべく使わないほうが伝わりやすいし、品よく聞こえます。

　can not（キャンノット）の場合はcan't（キャント）が普通に使われているので、省略形でいいとして、going to（ゴーイングトゥー）を省略したgonna（ゴナ）、want to（ウォントゥー）を省略したwanna（ワナ）も今では許容範囲です。

　Give me（ギヴミー）を省略したGimme（ギミ）、Can't you（キャントユー）を省略したcancha（キャンチャ）、don't you（ドントユー）を省略したdoncha（ドンチャ）は、下品な言い方なので使わないようにしましょう。

スキル5
英語で会話を続けるコツを身につける

　相手の話の中で多少わからないところがあっても、簡単な構文で質問を返していけば、英会話が苦手でもうまくコミュニケーションがとれるものです（131ページ）。

13　相手に対して用いる英語表現

相手の言っていることがわからなかったとき

Could you explain that to me?
（ちょっと説明してくれる？）

Could you repeat that for me?
（もう一度言ってもらえる？）

Excuse me, but I didn't understand that.
（ごめんなさい、でもちょっとわからなかった）

＊ただし、日常会話ではあまり聞き返さないほうが良いかと思います。
それほど大切なことを言っているわけでもないのに何度も
「わからなかった」「説明して」と言われては相手もゲンナリしますから。

相手に質問するとき

What do you think about it?
（それについてはどう思う？）

What makes you think so?
（どうしてそう思うの？）

Can you expand that?
（そこのところももう少し聴きたいな）

相手の話をうながす便利な相槌

Really（本当？）, I see（なるほど）, Aha（なるほど）
Oh boy（あらら）, Wow（すごいね）

20

魅力あるコミュニケーション7
子どもの大人と話す力の鍛え方

大人から子どもに与えるチャンスは平等ではない

　大人には子どもにいろいろなチャンスを与える力があります。しかしそのチャンスは残念ながら平等には訪れません。

　チャンスを与えたいと思ったとき、どんな子どもを選ぶでしょうか。大人と自然にコミュニケーションがとれる子どもでしょうか、それとも大人を前にオドオドしてしまう子でしょうか。

　私は、友人の息子さんのある対応にとても驚かされたことがあります。

　ディナーにお呼ばれし、私が場所を間違えて友人宅に行ってしまったときのことです。15歳になる息子さんが玄関のドアを開け、私を「Mrs.Bork」と呼び私をエスコートして迎え入れてくれました。そして私が事情を話すと、彼の母親である私の友人に連絡を取ってくれました。

　この一連の対応が全て自然で、私はすごいなぁとただただ感心しました。その後、私は「本当に素晴らしい息子さんなのよ」と、いろいろな人にこの話をしています。

　ごく自然に大人とコミュニケーションがとれる。こんな子ど

もにはつい何かしてあげたくなります。大人に引き立てられる子どもが成功するのはグローバル社会でも同じです。

グローバル社会では大人と子どもの距離が近い

それからもう一つグローバル社会で子どもが大人と自然とコミュニケーションをとれるようにしておく理由があります。それは、**グローバル社会では大人と子どもの距離が近いということです。**

日本ではあまり子どもを大人の席に連れて行くことはないようですが、グローバル社会では大人のイベントに子どもも一緒に参加したり、家族みんなで参加したり、家庭での接待でいろんな大人が家に遊びに来たりと、子どもが大人と接する機会が多く、子どもが大人ときちんとコミュニケーションがはかれることが求められます。

大人と話す力の鍛え方

ですから我が家でも娘が大人と自然にコミュニケーションがとれる子どもになるよう、ワシントンDCの家庭を見習っていくつかのことを実践しました。**その中でも一番良かったと思うのは、大人との挨拶の基本を教えることと子どもを大人の席に参加させるということです。**

家にお客様が来る場合は、よい練習の場となりますから、ぜひ子どもを同席させてあげてください。どんな人に会うのかを事前に簡単に説明しておくと、その人が身近に感じられて臆することがなくなるかと思います。

ちなみに、我が家には私と夫の仕事の関係でいつもいろいろなお客様がいらっしゃっていたので、そんなときは、ディナーやプログラムが始まる前の交流の時間になるべく娘を30分くらい同席させるようにしていました。そのたびに基本的な挨拶を実践できますし、30分の間には大人からいろんな質問をされます。

娘はこうした機会を通して、大人からの質問に対する受け答えや自分から大人にする質問を、自然と身につけていったようです。

大切なのは慣れること。機会は多ければ多いほどよいかと思います。

オバマ前大統領（当時上院議員）の隣に座った娘、スカイ

夫と私はあらゆる場所に娘を連れて行きました。私や夫の仕事関係の会議に連れて行ったこともあれば、イブニングドレスのイベント、美術館のオープニングナイト、本当にいろんなところに連れて行きました。

その中でも忘れられないのが、夫が作ったアフリカ関係の非営利団体のランチに、中国に出張していた私の名代として小学生の娘が夫と一緒に参加したときのことです。

夫は非営利団体代表としてヘッドテーブルといわれる主賓席でしたが、そこには招待客であったオバマ前大統領（当時上院議員）も座っていたのです。

娘はその隣に座りました。後にアメリカの大統領となる大人の隣に座った娘がきちんと礼節を持った態度を取れたのは、そ

れまでにいろいろな大人との触れ合いから学んだことだと思います。

いろんな大人と触れ合う経験は必ずお子さんの宝となりますから、どんどんいろんなところにお子さんを連れて行ってみてはいかがでしょうか。

大人に臆することなく自然にコミュニケーションがとれる子どもは、それだけで「自信」を感じさせます。そんな子どもを大人は必ず覚えています。

それにしてもすごいのは、娘を小学生だからといって子ども扱いするのではなく、一個人として接し、話をしてくれたオバマ前大統領の態度です。

21

魅力あるコミュニケーション8

親子で一緒に学ぶことが子どもの英語力を伸ばす

英語の習得におすすめなのは親子で一緒に学ぶこと。

これから必須の英語に関しても、親子で運命共同体となって一緒に学べば、より楽しく英語を身につけられると思います。それに親子で何かを一緒にする機会を作り出すことができるため、親子という最小のコミュニティーの繋がりにもよいのではないでしょうか。

以下は日本語学校に行かなかった娘が、小さい頃に私や夫と一緒に家庭で日本語を学んだときに実践した方法を英語学習に応用したものです。

子どもの英語力の伸ばし方1
親子で教科書を徹底攻略

日本の英語教育は何かと批判されますが、日本の認知教育は世界に誇れるもの。教科書の文法は正しいし単語も年齢相応で十分な量と質を網羅しています。

ですからいろんなところに手を伸ばすのではなく、教科書にある基本的な文法、構文、単語をまずは完全にマスターすることです。そして今度はそれを応用する。

たとえば、This is a pen（これはペンです）やI am hungry（お腹が空いた）といった簡単な文法を暗記し、語彙を増やしてどんどん単語を入れ替えて、使える構文を増やしていく。ポイントは以下の通りです。

・This is a pen という簡単な文法を徹底させる
・簡単な文法で作った構文をいくつも暗記する
・単語を徹底的に暗記する
・構文の単語を入れ替えて応用し、レパートリーを増やす

教科書以上の文法を暗記する必要はありません。知っている文法と単語でどれだけ正しい構文を作り、それを言えるかが大切なのです。

簡単な文法に単語を入れ替えて、どれだけたくさんの構文を作れるか、というゲームを家族でやるとよいでしょう。

　子どもの英語力の伸ばし方2
先生と生徒役になって親子で一緒に学ぶ

英語の習得に重要なのは、英語を話す機会を増やすこと。話す機会が多ければ多いほど、英会話力が身につきます。

ただし、英語を話すといっても、相手が外国人でなければいけないわけではありません。

英語を習っている子どもを先生にして、夕食のときなどに親が英語を学ぶようにすれば、日本人の家族でも英語を話す機会は十分増やせます。

「教えることは2度学ぶことである」というフランスの哲学者ジ

ューベールの言葉の通り、人に教えることは自分が得た知識を確認し復習することでもあります。

ウィークデーは何かと忙しいでしょうから、たとえば週末に5分だけでも英語で話す時間を作ってみてはいかがでしょう。

我が家では、娘を日本語の先生役にして、夫が日本語を学ぶ生徒役になって、楽しく日本語の勉強をしました。

子どもの英語力の伸ばし方3
好きな分野の語彙を増やす

好きな分野の単語を集中して覚えると、楽しみながら効果的に語彙を増やすことができます。

食べることが大好きな娘と夫の場合、食べ物に関する日本語の語彙はかなりのもの。娘に関していえばかなり難しい日本語も食べ物に関しては読めるようです。

好きな分野だと「勉強」している感覚がなく好奇心を持ってできるのでどんどん語彙が増えていくのです。偏った知識になるかもしれませんが、たくさん知っていることは自信に繋がります。

子どもの英語力の伸ばし方4
親子で英語の料理本のレシピを見て作る

私が英語を勉強したときに一番役立ったのは、英語の料理本のレシピを読むことでした。切る、焼く、茹でる、にんじん、玉ネギ、卵というように、出てくる単語が同じですし、作り方の指導だから文法自体が簡単。また手順や材料など想像できることなので、記憶に残りやすく、料理の本を通じて、たくさんの

単語を覚えることができました。

これを使って親子で料理をすると、行動が伴いもっと効果的ですし、何より楽しいです。

ちなみに、日本語の勉強として私と娘が一緒に作ったのは、日本のお惣菜の本で見た豚肉の生姜焼きやお味噌汁でした。茶碗蒸しは高度すぎて断念しました。

子どもの英語力の伸ばし方5
読む力が確実に英語力を上げる

読む。たったこれだけですが、これほど効果的な「使える語彙」を増やす方法はありません。なぜなら本の中に出てくる単語は、その文脈の中で理解し覚えるから、体の中に意味が定着するのです。

幼児の読み聞かせにオススメなのは、『Biscuit』という犬が主人公の絵本シリーズ。小学生の女の子には、シリーズで出ている『Ramona』や『Junie B. Jones』が人気で、男の子には『The magic school Bus』シリーズが人気です。高学年の子には、女の子の探偵の話『Nancy Drew』シリーズが、中学生には映画化もされた『Diary of a Wimpy Kid』シリーズがよく読まれています。

シリーズ本のよいところは、登場人物が一緒で、出てくる単語や話題もなじみがあるので、1冊読めば、2冊目以降がとても読みやすくなること。シリーズを読み進めていけば、自然と語彙が増えます。

その他、話題になっている本もおすすめです。たとえば『Whatever After』シリーズ。これは従来のおとぎ話を現代風に

ひねったもので、必ずしもお姫様が王子様との結婚を選ばないこともあり、「女の子だってなんだってできる」という今どきの女子の子育てをする親に人気です。また、アメリカでは政治家に関する絵本も人気です。キング牧師やヒラリー・クリントンなどの絵本は読み聞かせでも人気となっています。

ちなみに、娘が大好きだった日本語のシリーズは『ぐりとぐら』(福音館書店)。ボロボロになるまで読んでいました。

子どもの英語力の伸ばし方6
留学は英語の習得に有効か？

英語の環境に身を置くために留学をするのはよいと思いますが、特に短期留学は英語の習得というよりは英語に触れる機会と捉えたほうが現実的といえるでしょう。

触れる機会があればあるほど英語を口にする機会が増えるので、いざ話そうとしたときにおどおどしなくなります。短期留学に限らず家族での海外旅行なども役立ちます。

ただし、1年間くらいの長期留学や数年にわたる海外赴任でさえも、帰国後に留学中に培った英会話力を保つよう努力しなければ、必ず忘れてしまいますのでお子さんが小さければ小さいほど親子で忘れない努力をするのが大切です。

私もできるだけ娘と日常会話は日本語でするようにして、毎年夏に日本に行った後もせっかく覚えた日本語を忘れないようにしていました。

第 **4** 章

目に見える教養 1

グローバル教養に欠かせない「外から見た印象」

22
目に見える3つの教養とは

　目から入る情報は強烈で、たとえば見た目や、人との接し方や振る舞い、態度など、目に見えることで人は相手に対する第一印象をつくるといいます。それもたった7秒で。

　グローバル社会で活躍する人に共通する第一印象は、「堂々とした態度」と「安心感」です。彼らは「こんな人と友達になりたい・仕事をしたい」と瞬時に相手に感じさせるあることを身につけています。

知らなければ「好ましくない人」となる

　一人に対して第一印象を作る機会は一回しかありません。最初からつまずくなんてもったいないです。できればその機会を最適最大に活用したいですよね。

　グローバルな社会にはいろいろな人がいます。多様化しているからこそ、どこかで安心感を与える共通項が必要。それが自分の意見を持ち、社会に関わり、ポリティカリーコレクトな態度で会話に臨むこと。

　そして目に見える部分でもそういった共通項が瞬時の安心感を与えます。どんなバックグラウンドの人からも好感を持たれ、安心感を与えることは人と繋がって協働していくことが求められるグローバル社会で必須のことです。

グローバル社会で活躍するグローバルリーダーたちが身につけている、一瞬にして安心感と堂々感を与える「見える教養」のキーワードは以下のようになります。

1　外から見た印象
2　食事の仕方
3　社交

私はこの3つ全部で失敗しています。

娘のプレイグループで、みんながセーターにジーンズというカジュアルな服装のところにリクルートルックばりの紺のスーツに大振りの金のネックレスをつけて行ったり、娘に動きやすい服装よりもドレスを着せたり、中華料理のレストランで出てくるフォーチュンクッキーを割らずにそのまま口に入れたり（なかには占いの紙が入っています）、ギリシャの友人のお父さんがせっかく作ってくれた内臓料理を前に吐きそうになったり。社交で一番大切な挨拶の順番を間違えて二度とお呼びがかからなくなった家もあります。

知っていればなんてことないことばかりですが、知らなければ「好ましくない人物」として繋がることができず、活躍の機会も場所も失います。

グローバル社会で活躍する人は、親から子へと自然にこのような知識を伝えていきます。一瞬であなたのグローバル教養度が知れる「見える」グローバル教養をぜひとも身につけて、お子さんを導いてあげてください。

23

外から見た印象の教養度をあげる1
自分らしい健康体

自分らしさを肯定する

自分らしさを愛する。

これは自分らしい心と体の健康体のためにとても重要なことだと思います。だからこそ、娘が赤ちゃんの頃から「スカイはそのままで美しいんだよ」と言って育てました。そしてそんな言葉かけは、バレエの世界で生きて来た娘が心と体の健康を維持するための大きな支えになったと思います。

娘はバレリーナという、教科書的な「美」を求められる世界で生きてきました。ですが娘は、バレエ向きの完璧な骨格には生まれついておらず、どう見てもロシア人には見えず、バレエの世界では「美」の基準から外れていたのです。「美しくない」と言われたことも数知れず。バレリーナの脚の線は生まれつきの線で、そのように生まれついていなければどうしようもないこと。それは顔立ち、身長や体型にも当てはまると思います。**だからこそ我が家では「自分らしい姿」を大切にしてきたのです。**

ボディーイメージは心に大きな影響を与えがちだからこそ、比べたり、人から言われたことを気にしたり、無い物ねだりをせず、あるがままの自分を受け入れ、自分らしい美しさを大切にしてほしかったのです。

なぜなら、自分を大切にする人は自己肯定感が高く、健康な心は健康な体を支えてくれるから。そして心と体の健康は堂々とした態度として表れるからです。

自分らしい健康体を愛する自己肯定感は
十分な睡眠から始まる

　自分で考え、人生を切り開いていかないといけないグローバル社会で自分をあるがままに認め・愛する「自己肯定感」は非常に大切です。ですが、疲れていては自己肯定感も自信も自制心も下がってしまいます。

　そのため私が子育てで徹底したのは**「12時までには寝なさい」**ということでした。眠らなければ自分らしさを肯定することも、そんなことを考える余裕すらありません。

　我が家では健康を維持するために「8時間睡眠」をルールにしていました。学校の宿題より睡眠を優先させるように言っていたくらいです。学校の勉強にバレエと忙しい毎日を送っていた娘も、8時間睡眠を守るべく、12時までには必ず寝ていました。12時までに宿題が終わらないということもありましたが、寝ることのほうが心と体の健康に重要なので、宿題よりも寝ることを優先させていました。

　十分に睡眠時間がとれない状況が続けば、体調も崩します。具合が悪いときには弱気になるものです。そういうときはいろんなネガティブな考えが心に入り込みます。そんなときに人前に出ても自信のある姿を見せることは無理でしょう。そんな堂々感のない振る舞いはグローバル社会を生きるには弱いのです。

強くポジティブな印象のためには「寝る」。大人も子どももこれが大切です。

「痩せているほうが美しい」という
従来の美の基準の弊害

グローバル社会を映し出す鏡でもあるメディアでは、いろんなボディタイプの人が広告を飾っています。

痩せているか太めか背が高いか低いかは関係なく、自分らしい健康体が一番素敵、そんなメッセージです。その人らしさに価値がある、人はそれぞれに美しい、ということをメディアは積極的に発信しているのです。

自分らしい健康体が謳歌されるグローバル社会で、「痩せているほうが美しい」というボディーイメージが廃れ始めた原因にはグローバル社会の問題が絡んでいると思います。

それは摂食障害。ある調査によるとアメリカではなんと7人に1人の女子がなんらかの摂食障害を抱えているとのこと。

ボディーイメージはともすると心と体の両方を蝕む危険性をはらんでいます。これは、「(痩せすぎなほど)痩せている人を美しい」として発信してきたメディアの影響によるところが大きいのでしょう。

今までは痩せすぎのモデルしか使っていなかったのが、摂食障害や自己肯定感の低下に繋がらないよう、あまり痩せすぎの子は使わないようにしようとファッション業界も自主努力をしています。また今ではプラスサイズのモデルや一般人が、ジム用品や化粧品などボディーイメージに直結する商品の広告に起用されています。

ですが長年培われた「美とはこうあるべき」は強烈で、男性の場合は中年になると beer belly（ビール腹）と呼ばれる大きなお腹が、「普通」のこととして受け入れられるのに、女性の場合は「三段バラ」などと揶揄されます。

　なかには、全然太っていないのに「痩せているのが美しい」を信奉して、脂肪を吸引するタミータックや、脂肪を凍らせて剥がし落とすクールスカルプティングなどの美容整形手術を受けてまで、痩せようとする人がいます。

　それは個人の決断ですから私は悪いともいいとも思いません。ただ、「痩せていなければ美しくない」と思ってしまうことには問題があると思っています。

　もし親が「痩せていなければ美しくない」と思っていたら、それは自然と子どもにも伝染します。 それは子どもの心と体の健康を蝕むことにもなりかねません。

自分らしい健康体のために
子どもに言ってはいけない一言

　摂食障害とあわせて肥満はグローバルな大問題。ですがもし子どもが不健康な肥満体型になりつつあったら「痩せなさい」とか「ダイエットしなさい」と注意するのではなく、その子にとっての健康体を目指すべく、まずは親がバランスのとれた食生活を心がけ、適度な運動をしてよいロールモデルとなることです。なぜなら子どもの肥満は家庭での習慣も関係していることが多いので、まずは自分たちの生活を顧みることが大切だからです。

　親が子どもに対してネガティブなことを言うと、子どもは自

分のボディーイメージにネガティブな感情を抱き、自分らしさを認める自己肯定感が下がります。それでは堂々としていることはできません。それにちょっとふっくらしているのがその子の健康体かもしれません。

　病的でなければあまり気にせず、その子らしさを認めてあげましょう。それが心と体の健康に繋がります。

　お腹がさほど空いていなくても目で見て食べたくなることもあるので、我が家では、お菓子の代わりのフルーツやナッツをキッチンカウンターに置いていますし、普段家で食べる夕食後のデザートは、家族3人で1個を分けています。日本のスイーツは小さめですが、アメリカのスイーツはとても大きくて、1個を一人で食べたらそれだけでカロリーオーバーですから。

自分らしい健康体のために
体重計を置かない我が家

　娘がいたバレエの世界では、痩せているほうが美しいとされていて、先生も教え子たちに平気で「もっと痩せなさい」と言っていました。それで拒食症になった子どももいます。我が家では食生活に気を使っていましたが、思春期になれば女の子はホルモンの関係でどうしても体重が増えてしまいます。それはどうしようもないことです。

　そこで、娘が思春期を控えたあるとき、私は家にあった体重計を捨てることにしました。今の体重計はコンマ以下の数字まで正確に算出しますから、ちょっとした数値の変化に、娘が一喜一憂するのはよくないと思ったのです。

　私も、体重計があれば自分の体重を量り、やれ増えた、やれ

減ったとつい言ってしまうでしょう。たとえ声に出さなくても、私が体重を意識していることを娘は敏感に感じ取り、自分の体重のことをも意識してしまうでしょうから。目標は自分らしい健康体です。

 ## 体重計の代わりに基準服を設ける

とはいえ、自分にとって快適な体型を維持することも重要です。**私は基準服を作り、それを定期的に着ることによって自分の体型を管理することにしました。**

基準服ですから、伸び縮みするストレッチ素材ではいけません。伸縮性のない素材のタイトなワンピースで、ファスナーがスムーズに閉まればOKと、体型を管理しつつも、娘が体重変化の呪縛にとらわれないようにしたのです。

だから今自分の体重がいくらか知りません。鏡に映った体に適度に筋肉がついていて、自分の体が調子よく、軽く感じられればそれが私にとっての一番いい体重だと思っています、たとえそれが重かろうが軽かろうが。

 ## グローバル社会のトレンドは
「細く」ではなく「強く」

もし健康体にトレンドがあるとしたらそれは**「強さ」**。その引き金となったのは、前ファーストレディのミシェル・オバマではないでしょうか。大統領夫人が袖なしドレスを着用し、その引き締まった二の腕を露出したことは、まだ記憶に新しいかと思います。

今までの「細く美しく」ではなく自分らしい健康体の彼女の引き締まった腕は多くの女性の憧れの対象となりました。

　男女同権が進む中、女性にも強さが求められています。そして鍛えられた強い体はそんなメッセージを一瞬にして発することができるのです。

　私もミシェルの腕を見たときに、この人になら任せて大丈夫、と思えました。そんな私の第一印象はミシェルが外交で間違いを犯したときも変わることはなかったのです。

「強さ」が発する「信頼できる」というメッセージ、そして堂々としたイメージがあるから、いろんな人が強くなりたがるわけです。

 ## 女性も男性も子どもも筋力アップのトレーニングをする

今や男性だけでなく女性も子どもも多くの人が自分らしく「強く健康」な体を目指しています。 ボディービルダーのようにムキムキの筋肉ではなく、健康を維持できるように骨格をしっかり支えるためのしなやかな筋肉をつけようと、女性も当たり前のように筋力トレーニングをしています。

　私はどの国に行っても運動をしますが、特に外を歩くのが大好きなのです。そこではジョギングする男性や女性をよく見かけますが、男女の走り方に変わりがありません。いわゆる昔の「女性っぽい走り方」ではなく、大きなストライドで筋肉のついた足で力強く走っているのです。本当に素敵です。

　加圧トレーニングで筋力アップするクラスはどこでも人気が

あるようですが、骨の健康も考えて私も週に4日は通っています。足も腕も適度に筋肉がついていると、鏡を見たときに自分がなんだか強くなったようで、それだけで自信が出ます。

　グローバル社会では運動の効用が重視されていて、子どもも学校の部活や民間のクラブチームなどに所属してなにかしらスポーツをしています。

　適度な運動は、ストレスの発散にもなりますし、幸せホルモンと呼ばれるセロトニンやドーパミンを分泌させるので、身体だけでなく精神衛生的にもよい影響を及ぼすからです。筋肉もついて心も鍛えられるのだから一石二鳥です。

24

外から見た印象の教養度をあげる2

ボディーランゲージを正しく使う

次に大切なのが、ボディーランゲージです。

たとえば自己紹介では自分の名前を言う以前に目線や身振り手振りなどすでにボディーランゲージを使っています。

言葉で伝わるのはほんの7％で、あとはボディーランゲージという調査結果も出ているほどボディーランゲージは言葉よりも瞬時に相手に強い印象を与えます。目から入る情報はそれほど強烈なのです。

特にやってはいけないボディーランゲージをした場合、印象は瞬時にかなり悪くなりますし教養のなさが露呈します。一度悪い印象を持たれると、その後でどんなにいい話をしたとしても記憶に残るのは悪い第一印象です。

相手に安心感を与える好感度の高い第一印象のために、言葉よりも瞬時に記憶に残るボディーランゲージを正しく使うことをいつも心がけています（153ページ）。

14 教養を感じさせる＆感じさせないボディーランゲージ

教養を感じさせるボディーランゲージ

- 話すときは必ず相手の目を見る（最重要！）

  これだけで大人は「この子は自信のあるしっかりした子」と認めます。

  アイコンタクトをしないと自信がなさそうに見えるし、

  また何かを隠しているように思われ相手を不安にします。

- 笑顔
- 話を聞くときは相槌を打ち興味を持っているという意思表示をする
- 立っているときも座っているときもよい姿勢が大切

教養を感じさせないボディーランゲージ

- 笑うときに手で口を隠す

  これは私もやりがちなのですが極力避けたほうが良いです

- 髪に触れる
- **胸の前で腕組みする**（大きな笑顔と一緒なら大丈夫）
- 爪を噛む
- 人を指す
- **中指を立てる**（非常に失礼な行為）
- **ピースサインをフリップさせる**（イギリスではとても失礼）
- 片方の手を腰に当てたり、ポケットに入れて立つ
- 座っているときに足をブラブラさせる
- 手を意味もなく組んだり、いじったりする
- 体をゆする

25

外から見た印象の教養度をあげる3

清潔感は究極の
グローバルスタンダード

次に目につくのが細部。それは口を開けたときや、握手のために伸ばした手、近づいたときのにおいなどです。

清潔感は普遍のグローバルスタンダード

たとえどんなに時代が変わっても、高い好感度と安心感の変わらないスタンダードがあります。その一つが「**清潔感**」。

相手に不快感や不信感を与えないためには、清潔感が何よりも重要。清潔感は、見える教養の一番大切なポイントであり、普遍のグローバルスタンダードなのです。

清潔感において日本人の右に出る国民はいません。通勤時の満員電車も清潔感の高い日本だから可能なこと。日本以外の国ではありえません。

日本に来た外国人は、街の清潔さに驚嘆するといいます。実際私も日本の地下鉄で、車両に水があふれて汚れていたら、次の停車駅で駅員さんが来て掃除するのを見たことがあります。アメリカの地下鉄だったら何日もそのままです。

ただ日本の清潔感のスタンダードとグローバル社会のスタン

ダードにずれのあることもあります。ここではその点を説明していきたいと思います。

歯：白くまっすぐな歯は清潔感の代表選手

挨拶するときには口を開きます。そこで必ず見えるのが歯。日本では「口腔崩壊」といって歯がボロボロのお子さんが大問題になっているようですが、グローバル社会のスタンダードは白くまっすぐな歯です。これは必ずといってよいくらい大切なことです。

白くまっすぐな歯は清潔感があり、健康的で美しい印象を与えます。歯が美しければ、笑顔にも自信が持てます。見た目の美しさと口腔内の健康を保つために、子どもの歯を治療し、白く保ち、まっすぐに矯正するのがグローバルスタンダードです。

特にアメリカでは、歯並びは教養や知性といった人を判断する指標にもなっているので、子どもたちは10歳くらいから歯並びを矯正します。娘も10歳から矯正しましたし、娘の学校で矯正をしない子は一人もいませんでした。

娘が通っていた学校には移民の子も外国人の子もいましたが、全員歯の矯正をしていました。ちなみに娘の学校に通う生徒の6割は奨学金を受けています。全員が裕福な家庭とは限らないのです。なのに、（分割払いがあるとはいえ）保険もきかず高額な治療費をみんな払うのです。

歯の矯正が必須かと言われれば、そうではないと言えます。病気や怪我とは違って放っておいても命に関わるわけではないからです。それなのにどうして親は資金繰りをしてまで子ども

の歯の矯正をするのでしょうか。

　考えられる理由としては、まっすぐな白い歯の人を前に臆した、羨(うらや)ましいと思った、笑顔に自信がない、など。そんなふうに感じたことのある親が多いのかもしれません。そしてせめて子どもにはそんなことで臆してほしくない、と思ったのかもしれません。我が家の場合はそうでした。

　ただし、矯正する子どもが大多数とはいえ、やはり外国人や移民の子どもに対しては寛容なようです。また歯の矯正が一般的でなかった親世代に対しても寛容です。

　私の場合、歯並びは生まれつき良かったのですが、詰めていたものを全部、白い被せ物（クラウン）に変えました。また、治療する箇所がなくても、年に２回は必ず歯科医院に行き、歯のクリーニングをしています。

　大人の場合はコーヒーやお茶、ワインなどで歯が着色されています。ですから歯の美白も大人の清潔感には重要で、私は歯医者さん仕様の美白剤を使っています。それ以外にも今は歯磨き粉でも簡単にできます。

歯のグローバルスタンダードと日本のローカリズムで大きな違いといえば、日本では可愛いとされる八重歯。個人的には八重歯は可愛いと思っていたのでびっくりしたのですが、アメリカでは「Fang＝牙」と呼ばれ、残しておくのは普通ではないことと捉えられています。また口腔内の健康を考えた場合よくない影響のほうが大きいことはよく知られていますから、健康を考えたときに、八重歯についてはローカリズムよりもグローバルスタンダードを優先させるのもありかもしれません。

爪：握手の文化では意外と目立つのが爪

自己紹介の次に来るのは握手。日本はお辞儀で済みますが、グローバル社会では握手は避けて通れないから、爪は意外と目立つのです。爪の基本は綺麗に切りそろえられていること。それから甘皮などがむけていないこと。まずはそれがベースです。

グローバル社会では爪を清潔に保つことには日本よりもずっと長い歴史があるように思いますが、とにかく大人も子どもも爪には気を使っていて、女の子がママと一緒にネイルサロンに行ったりもしています。私も娘が小さいときからよく一緒に行っていました。綺麗に整えられた爪には清潔感があります。

最近日本では大人の女性がファッションとしてネイルを楽しむ人が多いと思いますが、グローバル社会で活躍する女性のネイル感は少し異なります。

基本は「盛らない」。シンプルな色の一色ネイル。 つまらないように思えますが、爪をシンプルに保つ方が多いようです。ただし、足元は別で、みなさんいろいろな色で遊んでいます。

また、男性も普通にネイルサロンに行き、爪を綺麗に整えていますから、特に男性もこれからはネイルに気をつけるとよいかもしれません。

体臭と香水：強すぎれば不快感マックス

握手をするには近づきます。そこで問題になるのがにおい。

体臭が薄い日本ではさほど香水が必要とも思いませんが、欧米人は香水を日常的に使っています。女性のみならず男性も、

自分の好きな香りを身にまとっていますし、子ども用の香水も売っているほどです。

もしも香水をプレゼントされた場合などは、ほんのり香る程度につけましょう。どんないい香りでも、きついと周りの人に迷惑をかけてしまうので、注意してください。

もし体臭の強い人がそばにいた場合でも気づかないふりをするのが礼儀です。

タバコ：
タバコのにおいは決して歓迎されない

グローバル社会で、清潔感「ゼロ」のにおいといえばタバコ。体や服に染み付いたタバコのにおいは歓迎されません。

またタバコを吸うというだけでその人のグローバル教養度は一瞬で下がります。「え、今どき吸うの？」と、かなり驚かれることでしょう。服や体に染み付いたにおいはかなりの不快感を伴い好感度はマイナスとなります。

業界にもよるかもしれませんが、グローバル社会で活躍する人で人前においてタバコを吸う方は極端に少ないようです。実際に、最近では喫煙できる場所もかなり限られてきています。

ちなみに喫煙大国フランスでも、年々喫煙できる場所が少なくなっていることに気がつきます。タバコのアイコン的存在ジタンなどのように、においの強いタバコを吸っている方も減っているような気がします。

日本ではまだまだ愛煙家が多いようですが、いずれ子どもがグローバル社会で働くときに、自身が苦労しないよう、極力タバコは吸わないほうがいい、と伝えるとよいかと思います。

マスク：清潔感より奇異感が先立つ

「外から見た印象」で日本のローカリズムとグローバリズムが最も異なることの一つにマスクがあると思います。**マスクの着用は、日本だと清潔感があるように思われますが、海外では恐怖と奇異の対象となります。**

マスクは花粉症対策には非常に効果的ですし、隣で咳をしている人がいたら思わず「マスクをしてください」と言いたくなったり、自分がマスクをつけたくなったりします。

日本のローカリズムをよくご存じの方は、「日本人は他の人に菌やウイルスなどをうつさないように配慮してマスクをする」と好意的に見てくれますが、まだまだマスクは一般的ではなく医療の領域を出ません。そのため、顔を隠すマスクは恐怖を与えるのです。

そのため私は日本以外ではマスクをつけません。顔が見えないことに恐怖を抱く人の気持ちもわかるので、この場合グローバリズムを優先させています。

とはいえ健康に関することです。マスクを優先させたいと思う方もいらっしゃるでしょう。それは全く問題ありません。

グローバルスタンダードを知っていれば、周りの人の反応も理解できるでしょうし、説明を求められたときは「奇異」という感情に共感を示し、日本の習慣を説明しましょう。

26

外から見た印象の教養度をあげる4

グローバル社会では
ドレスコードを守る

個性よりも似た者同士という安心感

　最後は服装です。自分らしい健康体で堂々としていても、強さがあっても、好感度のあるボディーランゲージでも、清潔感にあふれていても、そんなあなたを包む服が「あれ？」という感じではもったいないからです。

　人と繋がるためには自分を知ってもらうことが大切。なのに、あまりに場違いだったり、個性的な服装だったりすると残念ながら人の関心はそちらに向かい、あなたという人間に関しての関心は薄れてしまいます。ですから、個性的な服装をして自分をアピールするよりも、みんなと同じになってしまうような脱個性的な服装を身につけることもグローバル社会では知っておくべき教養の一つだと思っています。

ドレスコードとは

　この服装のことをドレスコードと呼んでいますが、ドレスコードとは、**「その場所での服装の決まり」**です。

ビジネスでもプライベートでもイベントが多いのがグローバル社会。そこにはいろんな方が集まりますが、そのときにみんなが会の趣旨を理解し、お互い安心して気分よく過ごせるようにあるのがドレスコードです。ドレスコードを守らないのはグローバル社会の「**Faux Pas（フォーパ／「やってはいけない」という意味でよく使われるフランス語）**」の一つです。

だからグローバル社会ではドレスコードを守ることは非常に大切です。ドレスコードに反していたり、理解したりしていないとそれだけで第一印象は下がります。しかも目から飛び込む情報ですから一瞬にして決まります。グローバル教養のなさが一瞬にして目に見えてしまいます。

 ## 普段着のドレスコードはカジュアルシック

世の中はカジュアルに移行しています。その流れで、今はグローバル社会、特にグローバルで活躍する人の服装の主流は**「カジュアルシック」**となっています。要は、カジュアルすぎず、かっちりしすぎてもいない格好です。

ときにスマートカジュアルともいわれるこの服装は、実用的でありながら品を感じさせます。スーツ着用の必要のない仕事、学校でのミーティング、ボランティア活動、レディースランチ、個人宅でのディナー、オープニングナイト以外の観劇などは全てカジュアルシックが最適です。

本当のお金持ちや成功者は服装からはわからない、頑張りすぎはクールではない、仕事にもプライベートにも使える「プラクティカル（実用的で効率的）」ということも、グローバル社会

で活躍する人がトーンダウンしたくなることに影響しているのでしょう。

90年代前半に出張で行ったシリコンバレーの中心地、パロアルトでは、エリートは高級フランス料理のレストランでもジョギングパンツで食事をしていました。

当時、スティーブ・ジョブズなどシリコンバレーの人は、カジュアルな格好で働いていたそのままの出で立ちで外出するのが「格好いい」というか「業界標準」になっていて、私はその真っただ中を目撃したのでしょう。

ですが、今ではこうしたカジュアル化の風潮は、IT業界だけでなくもっと広まりを見せています。

もっともスティーブ・ジョブズが愛したノームコアなスタイルは彼のような絶対的アイコンが着ていたから許されていたようなもので、広まったのはもっとキチンと感のあるカジュアルとビジネスの中間、カジュアルシックです。上質のものをカジュアルなものと合わせて着崩し、カジュアルな服を上品に着こなすのがカジュアルシックです。

きらびやかな時代は終わり

グローバル社会で活躍する人は、高価なものを高いという理由で購入し、それを身につけることで自分を喧伝(けんでん)することはしません。目に見える物品によって「自分はお金を持っている、自分は成功している」と喧伝しなくても自分で自分の成功を知っているからです。もちろん大量のロゴで自分が払った値段を喧伝することもありません。

ちなみに、私がアートビジネスを学んだサザビーズでは、「何を着ているかで人を判断してはいけない」と教えていました。お金持ちになればなるほど、カジュアルな服装の人が多く、サザビーズにジーンズでふらっと入ってこられるような人に限って、10万や100万ポンド（日本円で約1400万円ならびに1億4000万円）単位の小切手を書けるというのです。

ジーンズは今でこそおしゃれなカジュアル服の仲間入りをしましたが、20年以上前のロンドンでは、まだ作業着というイメージが強く残っていました。ですから、最初は私も「本当かな？」と半信半疑でしたが、確かにジーンズに仕立てのいいシャツといった、シンプルだけど上品なファッションの人がお客様には多かったように思います。

フォーマルが身上のイギリスも、今やカジュアルシックが中心です。

大人の女性のカジュアルシックのお手本はジャッキー・Oとヘップバーン

カジュアルシックのお手本は、女性はJ・F・ケネディ大統領夫人のジャッキー・O（ジャクリーン・ケネディ・オナシス）と女優のオードリー・ヘップバーンといえるでしょう。

ジャッキースタイルのポイントは、「洗練されたきちんと感」。シンプルなシルエット、明るい色のドレス、ベルトやリボンなどのアクセント、白と黒のコンビネーション、タートルネックセーターやヘンリーネックなどのトップスと仕立てのいいパンツ、アクセサリーはシンプルにパールのネックレス＋大きなサングラス＋スカーフです。

ジャッキーが愛用していたカーディガンとノースリーブのインナーのツインセットは「ジャッキーセーター」という名で、大手ファッションメーカーのJ.Crewが1万円強で販売していて、きちんと感の定番中の定番となっています。
　ヘップバーンスタイルは永遠のエレガンスのシンボルです。ジャッキー・O同様にシンプルなシルエット、そして上下黒で揃えたブラック・オン・ブラック、LBD（リトルブラックドレス：シンプルなデザインの黒いワンピース）、バレエフラットシューズが特徴的です。
　ジャッキー・Oとヘップバーンは、ともに世代と国境を超えた有名人で、彼女たちのエレガントな服装は全てグローバル社会で活躍する人の制服のお手本でもあります。
　お二方は、これからも多くの人をインスパイヤし続けるでしょう。

〈女性のカジュアルシックの基本〉
- **ジーンズと白いシャツ**
- **カシミアのセーター**
- **ツインセット**
- **バレエフラット**
- **シンプルなLBD（リトルブラックドレス）**
- **綺麗な色のデイドレス**
- **仕立てのよいジャケットやブレザー**
- **スカーフ**
- **パールのネックレス**
　（ロゴは極力控える）

（流行は一部だけ取り入れる）

子どものカジュアルシックのお手本は
グレース・ケリーのプレッピー

ジャッキー・Oとヘップバーンに並び、グレース・ケリーもカジュアルシックのお手本です。彼女は女優から正真正銘のプリンセスとなりましたが、アメリカにいたときのスタイルは**「プレッピー」**。東海岸のエリート校アイビーリーグに通うお金持ちの子女の服装を、少しカジュアルに崩した感じの着こなしでした。

プレッピーはどこでも誰にでも受け入れられる一番無難な服装のようです。私も迷ったときは母娘ともにプレッピーにしています。特にグローバル社会で活躍する人の家族は女の子の場合は小さいうちからこのグレース・ケリー的プレッピーな服装をさせる親が多いかと思います。

ちなみに娘は幼稚園から小学校低学年は私服、小学校4年生から6年生は制服、そのあとは卒業まで私服でした。着ていて一番楽で洗濯も簡単ということもあり、我が家の娘はシャツにジーンズ＋ジャケットなど、プレッピーな服装で通っていました。もっとも学校全体がプレッピーな服装の子が多かったので、その影響もあるかと思います。もちろん高級ブランドのロゴのあるものは極力選ばないようにし、あっても小さくて目立たないものばかりでした。

カジュアルな中にも品があって、誰からも受け入れられ、安心感を与える。そんなことからも、お子さんの普段着やちょっ

としたお出かけにはグローバル社会ではプレッピーっぽい一着を用意しておくとよいかと思います。そこにライディングブーツなどを加えると上品さが際立ちます。

男性の永遠のアイコン、スティーブ・マックイーンはカジュアルシックの先駆者

1960〜70年代を代表するハリウッドスター、スティーブ・マックイーン。カジュアルでありながらもエレガントな彼の出で立ちは、グローバルで活躍する人に通じるものがあります。

彼のスタイルはいまだにハリウッドの有名俳優たちにも受け継がれています。ジョージ・クルーニーはその典型かなと思います。

チノパンのはき方やスーツの着こなし、それでバイクを乗り回す姿は今見ても非常にグローバルで活躍する人的で、ボンバージャケットやタートルネック、Tシャツやシャツなどカジュアルなものをとても粋に着こなしていました。それらは今ではグローバルで活躍する人のユニフォームです。スティーブ・ジョブズもタートルネックを愛用していましたよね。

特に裸足にローファーが粋で、実は私が初めて南仏で夫を見かけたとき、夫も裸足にローファーだったのです。「すごく素敵」と思って恋に落ちてしまいました。

それからスティーブ・マックウィーンは特に公式の場でほとんどネクタイをしませんでした。これもグローバルで活躍する人の着こなしのお手本になっています。

男の子はプレッピー率が高い

男の子のプレッピーで代表的なのはボタンダウンのシャツ、それからショートパンツやローファーです。プレッピーは教科書のような本も出ていますが、チノパンにエンブレム付きのジャケットなどその通りにするといかにもという感じですから、それをちょっと現代風にするのがよいかと思います。

たとえば、ジャケットをカチッとしたものからちょっとオーバーサイズにするとか、チノパンをジーンズにするとか。シャツをタートルネックにするとか。教科書通りではなく、自分らしい装いをしなくてはいけません。ボタンダウンにチノパンも教科書的すぎるので、そのときはタートルネックにするのがよいでしょう。

〈基本の着こなし〉
・白いシャツ＋カーキのチノパン＋ネクタイ＋ジャケット
・ポロシャツ＋ショートパンツ＋裸足にローファー
・タートルネック＋ジーンズ／チノパン＋ジャケット

「仕立ての良いシンプルな服をちょっと着崩す」それが基本です。

我が家が子ども服に あまりお金をかけなかった理由

私は子どもの服に必要以上にお金をかけませんでした。清潔でシンプルでサイズが合っていれば十分と思っていたので、

GAPやJ.Crewのポロシャツや白いシャツにジーンズやスカートを合わせるのが定番でした。

バレエを観に行ったりするときはそれなりの服が必要ですが、それもセールを利用して割引価格で買っていました。私と夫が一生懸命働いて得たお金なので、なるべく上手に使いたかったからです。

上質なものを着ることはもちろん大事です。でも、子どもが数万円もするような高価な服を着る必要はないと思います。

洋服に関しては不必要に高価なものは買わず、その代わりに、お芝居や舞台に連れて行くなど経験することに対してお金を使っていました。

15 グローバル社会のドレスコード

> グローバルで活躍する人の服装の主流は
> 「カジュアルシック」(スマートカジュアル)

女性のお手本

=ジャッキーOとオードリー・ヘップバーン

子どものお手本

=グレース・ケリーの「プレッピー」

男性のお手本

=スティーブ・マックイーン

27

外から見た印象の教養度をあげる5

公式な場での
ドレスコード一覧

　グローバル社会ではブラックタイといわれるイベントもセレブだけのものではありません。そのような機会は誰にでもたくさんあります。「大丈夫かな」と心配することなく思う存分楽しめるようにどこでも通用する一般的なガイドラインをご紹介します。

　招待状にはほとんどと言っていいほどドレスコードが書いてあります。そのときの参考にしていただけたら嬉しいです。ドレスコードも親を見ながらお子さんは自然と学んでいきます。

　フォーマルとセミフォーマルについては、171・173ページに示しましたので、本文ではそれ以外について説明します。

ビジネス

これは男性も女性も日本的感覚における普段仕事に出かける服装でOKです。

　女性は暑い夏でもストッキングをはくべきでしょうか。一説によるとキャサリン妃が夏にストッキングをはいていたことから「ストッキングをはくのがエレガント」というような風潮も

16 | フォーマルな恰好

White Tie　ホワイトタイ（最上級のフォーマル）

今ではめっきりと減りました。これほどフォーマルなのは大統領官邸で他国の首脳を招いて催される晩餐会くらいでしょう。ですからここでは省きます。

Black Tie　ブラックタイ（フォーマル）

夜に行われる結婚式やチャリティーイベント、会社関係のイベント、プライベートイベントやホリデイイベントなど。これはグローバル社会では意外と多いのです。

男性

ブラックタキシード。黒い蝶ネクタイ、黒いカマーバンド（腹部に巻く飾り帯）、白いシャツ。これはスタッズで留めるものでもボタンでもどちらでも構いません。ドレスシャツが基本です。くれぐれもボタンダウンのシャツは着ないように。夫はブラックタイには黒のエナメルシューズを履きますが、たまに茶目っ気を出してカウボーイブーツを合わせたりしています。

女性

床まで届くフルレングスのドレスを着用します。膝丈やティーレングス（ひざ下丈）のドレスでもフルレングスのドレスの代用になるくらい豪華なものは許容範囲です。最近ではブラックタイのイベントでもこの手のドレスを着てくる方が多くいらっしゃいます。
でも私は、せっかく目一杯お洒落ができる機会なのだから、ブラックタイと指定がある場合は、迷わずフルレングスを着ます。日本人の場合、着物でも大丈夫です。非常に豪華で見ていて楽しいのはアカデミー賞の授賞式やニューヨークにあるメトロポリタン美術館のガラではないでしょうか。

Black Tie optional　ブラックタイ・オプショナル（フォーマル）

男性

上記のブラックタイの服装をしてもしなくても良いということです。タキシードの代わりに仕立ての良いダークスーツで代用できます。

女性

フルレングスで大丈夫ですが、私はこの場合一段階豪華さや派手さを抑えたシンプルなものやティーレングスのドレスを選びます。ですが、夫がダークスーツを着る場合はカクテルドレスで出かけます。二人のドレスコードがちぐはぐなのが一番良くありません。
袖なしや肩紐のないドレスの場合、薄手のショール（かつてはパシュミナとして一世を風靡しましたが）を羽織っている方をよく見かけます。
目的は二の腕を隠すことにあるかと思いますが、肌を隠すことが求められるアラブ圏のイベントでもない限りは、出すものは出したほうが見栄えします。ちょっと寒いときなどには便利ですが、会場に着いたら外すほうが素敵です。

あるとのこと。ですがグローバル社会では、キャサリン妃が訪れるような、よほどフォーマルなシーンでなければストッキングははかなくて大丈夫です。ビジネスやカジュアルな集まり、またアメリカに限っていえば、ブラックタイなどのフォーマルなイベントでも、みなさんストッキングははいていらっしゃらないようです。

私もよほど寒い時期を除いてストッキングははきません。日本でもそれで通しているのですが、もし「失礼」と思われた方がいらしたらごめんなさい。

カジュアル

カジュアルシックが最適です。カジュアルと書いてあるからといって、アロハシャツにショーツにサンダルで出かけたら、場違いな感じがすることでしょう。それではその場にいるみなさん全員が落ち着きません。そのような服装がぴったりするのは誰かのビーチハウスにお呼ばれしてビーチカジュアルなんていうドレスコードがあったときだけです。

我が家でディナーにご招待するときは、特別なときを除いていつもカジュアルシックをドレスコードにしています。

フェスティブ

年末年始の時期によく見かけるドレスコードですがお祭りのときのような楽しさ、遊び心を求めています。解釈は人によってそれぞれですが、いくらフェスティブでお祭りとは言っても

17　セミフォーマルな恰好

Cocktail　カクテル（セミフォーマル）

フォーマルとカジュアルの中間です。今では多くのイベントがこのドレスコードを掲げています。私が受け取る招待状で最も多いのもカクテルドレスのイベントです。昼に行われる結婚式もカクテルドレスが多いです。

男性

ダークスーツで大丈夫です。

女性

カクテルドレスになります。これは通常膝丈くらいのドレスで光沢のある生地を使ったものが多いのですが、一着あると便利なのがLBD（Little Black Dress）と呼ばれる黒いカクテルドレスです。これはかのシャネルがそれまでお葬式のときにしか着られなかった黒をお洒落な色として世に送り出した永遠のエレガンスです。迷ったらLBD。決して失敗することがないのでこれが一番です。

Coat & Tie （セミフォーマル）

男性

ジャケットとネクタイを着用するという意味です。プライベートクラブで「コート＆タイ」とあった場合、ジャケットとネクタイ着用ではないと入室を断られます。もしくはそこにある予備のネクタイを借りることになります。でもさすがにジャケットは置いていないようです。

女性

ワンピースやスーツなどきちんと感がある服装を選びます。ブラウスにパンツやスカートでもOKです。

リオのカーニバルに出るような格好のことではありません。無難なのは男性ならスーツよりはおしゃれなジャケットにスラックス、女性はカクテルドレスかなと思います。

私はこんなとき普段は着ないようなちょっと変わったドレスを着ていくことにしています。たとえば羽がたくさんついていたり、色がとっても鮮やかだったり。グローバル社会では遊び心も大切ですからね。主催者の気持ちを汲み取るのも出席者の役目だと思っています。

 ## 子どものドレスコード

ブラックタイとカクテルの場合、男の子はスーツ（色はなんでも大丈夫）、女の子は丈の長いドレス。靴もスニーカーは避けましょう。グローバル社会ではこのようなとき子どもでもきちんとドレスコードに沿ったおしゃれをして来ます。カジュアルの場合は、男の子も女の子もカジュアルシックで。迷ったらプレッピーが一番無難です。

 ## 迷ったら「ドレスダウン」

たとえば、招待状に服装の指定がカクテルドレスとあったとします。カクテルドレスと一口に言ってもいろいろあり、なかにはイブニングドレスに匹敵するような豪華なものから昼間のイベントに着るようなデイドレスをちょっと格上げしたようなシンプルなものまでいろいろあります。イベント内容も芸術系だったり学術系だったり、開催場所が大使館だったり公邸だっ

たりホテルだったりレストランだったりします。どの格のカクテルドレスを着るのがその場所とイベントに合うのか迷うときもあるでしょう。

私は何を着て行くか迷ったら１ランク格を落とすことにしています。

「ものすごく豪華そうなイベントだなあ」と思ったら、持っている一番ラグジュアリーなドレスの次くらいのものを着るとちょうどよいかと思います。

イベントでは一番着飾っているのは Faux Pas（やってはいけない）なこと。「こんなにがんばりました！」と言っているようでグローバル社会ではエレガントではありません。

またイベントでは主催者もしくは主賓が一番豪華であるべき。万が一主催者よりも豪華なドレスになってしまった場合、お互い気まずい思いをすることでしょう。

もし主催者が女性で仲良しだった場合は何色のドレスを着るかを聞いておくのもよいでしょう。そのときは同じ色を着るのは避けること。とても良い気遣いだと思います。

子どもの頃からグローバル社会で活躍する人の「外から見た印象」の常識を知っていれば、「ここにいていいのかな」「なんか浮いてない？」などと思うことはありません。

どんなシチュエーションでも堂々としていることができるでしょう。

第 5 章

目に見える教養2
グローバル教養あふれる食事の仕方

28

食事のマナーは成功と失敗の命運を分ける

　会食で「どうしよう」と困ったことはありませんか。私はゆで卵の食べ方を知らずにみんなの注目を集めたことがあります。

　テーブルがシーンとなることで嫌な気持ちになる人もいるのではないでしょうか。食事が喉を通らない人もいるかもしれません。

　見える教養の2つ目は「食事」。**グローバル社会ではいろいろな方と食事をともにする機会がありますが、同席する人への礼儀としてあるのが食事のマナー。**知っているようで知らないこともたくさんあるのが食事のマナーです。

　食事は生きていく上で最も基本的なこと。だからこそ大人も子どももきちんとしたグローバル社会での食事のマナーを身につけていないと、相手に不快感を与え、友人ができなかったり、ビジネスを失ったり、就職で不利になったり、といろんな不利益が生じます。

　食事は毎日のことですので、不快感はより大きな印象となって相手の心に残ってしまいます。ですから極力失敗しないほうがいいのが食事なのです。

　どんなときでも堂々としている、グローバル社会で活躍する人が実践している失敗しない食事の仕方をご紹介します。

食事の仕方はその人を表す

大人のマナーも子どものマナーも同じです。子どもがやってはいけないことは大人もやってはいけないし、大人がやってはいけないことは子どもがやってもいけません。

和食の基本はすでに専門書がたくさん出ていますから、この章では海外旅行、ホームステイ、留学、海外赴任、外国人の家庭に呼ばれたとき、海外だけでなくレストランでフォークとナイフを使うとき、結婚式のようなスペシャルイベントなどで、日本国内でも役立つ、子どもが知っておくべきフォーク＆ナイフダイニングの一般的なグローバル社会の食事のマナーを紹介します。

ちなみに、アメリカでマナーの本を読むと、手を洗う、ガムは噛まない、口を開けてものを噛まない、ちゃんと椅子に座っている、足はぶらぶらさせないなど、日本人には信じられないような基本中の基本がたくさん書かれています。

ですが高い倫理観と美意識を持つ日本の家庭で育つ子どもの場合、このあたりはすでに常識として身につけていますから、グローバルなマナーとはいえ、本書では省きます。

一般的なテーブルマナーはコンチネンタルとアメリカンがある

テーブルマナーには主にアメリカン、とコンチネンタルといわれるヨーロッパのマナーの2種類がありますが、両者には少しだけ違うところがあります。

アメリカに来て一番驚いたのは、フォークが右手と左手を行

ったり来たりすること。イギリスではフォークは左手を離れません。

これについてはプロトコル（礼儀作法）のエキスパートであるドロシア・ジョンソンさんが、次のように解説しています。

「19世紀はヨーロッパの人々もフォークを右手に持ち替えて食べていた。でも19世紀半ばに書かれたエチケットの本で上流社会の人々はフォークを右手に持ち替えずに切ったらそのまま左手にフォークを持ち口に運ぶというマナーを紹介して以来、上流階級だけではなく、全ての階級の人が真似するようになった」

フォークの使い方をはじめ、ナプキンの置き方、料理が出てくる順番などコンチネンタルとアメリカのテーブルマナーでは微妙に違いがあります。

アメリカ人は自分たちのやり方がスタンダードだと思っている部分があるのですが、個人的にはコンチネンタル方式のほうが、ステップが一つ少ないことや、サラダの順番なども理にかなっているので、シンプルでエレガントだと思っています。

本書では、アメリカンな方法も紹介しつつも、基本のテーブルセッティングなどはコンチネンタルで統一したいと思います。

カジュアル、よそ行き、フォーマル、3段階ある食事のマナー

普段家庭で食べるとき、レストランや友人宅でのお呼ばれのとき、そして結婚式や大きなイベントでのフォーマルディナー

というように、テーブルマナーはカジュアル、よそ行き、そしてフォーマルの３種類があると思います。

我が家では、普段家庭で食べるときも、基本的によそ行きと同じテーブルマナーとして、もう一段階上のフォーマルダイニングを加えた二つのテーブルマナーを徹底しています。
「家庭では別にもっとカジュアルでもいいんじゃない？」と思われるでしょうが、カジュアルにすることはとても簡単です。やっていることをやらなければいいだけですから。でも普段やっていないことは、他の場所ではできません。

ですから、週末のムービーナイトでピザを手づかみで食べながら映画を見る、というとき以外はよそ行きのテーブルマナーを徹底しています。

グローバル社会では必須のフォーマルダイニングの知識

フォーマルダイニングですが、「そんなところに呼ばれることはないだろうから関係ない」なんて思っていませんか？　そんなふうに思っているとグローバル社会では大慌てすることになりかねません。

たとえばアメリカでは、子どものお誕生会は年齢が低ければ低いほど開催され、また子どもが小さければ小さいほど親が同伴の場合が多いのです。

子どもが呼ばれたお誕生会に行ってみたら、お城のようなお宅でお手伝いさんもいた、なんてことも珍しいことではありません。そんなときは、親も同席で小さな子どもでも本格的なフ

ォーマルディナーを経験したりします。

　海外赴任をしていれば子どもがきっと一回は呼ばれるだろうバミツバ（ユダヤ人の 13 歳のお誕生日）もかなりフォーマルなイベントで、招待された子どもたちはドレスなどのフォーマルな服装で出かけます。そしてハイスクールではプロムと呼ばれるダンスイベントがあり、ダンスの前にフォーマルなレストランに行ったりします。

　お呼ばれしたご家庭によっては、普段からフォーマルな食事をしているところもあります。

　仕事上のお付き合いにしても、グローバル社会の人たちはパーティーが大好きですから、しょっちゅうフォーマルなパーティーを開いています。

　ですからグローバル社会ではフォーマルダイニングの知識はマスト。フォーマルな食事が出てきたときに慌てないよう、最低限のルールは知っておくべきです。

　知っていれば子どもは臆することなく振る舞えます。そんな立ち居振る舞いを見て、同席した大人は、子どもに一目置くことでしょう。

　子どもは敏感です。そんなことからも自信がついて非認知能力が伸びるのです。テーブルマナー一つでこんなベネフィット（恩恵）があるのですから、ぜひとも徹底させたいです。またお手本役の親としてもドキドキせずに堂々と振る舞いたいですよね。だからこそ親もしっかりとマスターしておきましょう。

基本的な食事のマナーは家庭で習慣にする

理想は、テーブルマナーを特別なものとしてではなく日常の習慣として身につけること。

毎日繰り返せばそれだけしっかり身につきますし、普段やっていることであれば、家以外の場所でも臆することなく食事ができます。本章の最後には基本のテーブルセッティングやナプキンの使い方などをご紹介しますので、ぜひ家庭で試してみてください。

テーブルマナーの練習のためにフランス料理のフルコースを食べに行く必要はありません。普段のよそ行きテーブルマナーが家庭で習慣になっていれば、あとはやることがちょっと増えるだけのこと。知識として持っているだけでも十分です。

日本のファミリーレストランは、気軽にナイフとフォークで洋食を食べることができますから、テーブルマナーの最適な訓練の場として活用するのもいいでしょう。

29

子どもが知っておくべき食事のマナー1
日本とは異なる時間厳守を知る

イベントや自宅にお呼ばれしたときは遅れて行くのがマナー

　お呼ばれしたときの時間の感覚は日本とかなり違っています。日本では、約束の時間に遅れるのはとても失礼なこととされています。学校の授業や仕事の約束には時間通りに行くべきですし、親しい人との待ち合わせも相手をなるべく待たせないようにするのが礼儀です。

　でも、イベントやパーティーなどに招待されたときは、遅れて行くのがグローバル社会の常識。時間ぴったりに行くのは無粋ですし、時間より早く行くのは礼儀知らずということになります。これは大きな会場で開催するイベントでも、家庭で開くパーティーでも同じです。

　たとえば、「5時に来てね」と言われた場合、主催者は5時まで準備しています。準備でバタバタしているところに行くのは失礼なので、時間ぴったりに行くよりも、5〜10分遅れるくらいがちょうどいいのです。

　ただし、遅れすぎるのもよくありません。15分くらいまでな

ら許容範囲ですが、20分以上遅れてしまう場合は、電話かメールを1本入れたほうがいいでしょう。もっとも50人を超す大きなイベントの場合はその必要はありません。

家庭での家族と一緒の普段の食事では定刻通りが基本です。また、ビジネスランチやビジネスディナーなど仕事での会食やミーティングにも定刻通りが基本です。これは日本と同じですね。

約束の時間にかなり遅れることはマナー違反

大きなイベントでは有名人やWannabe（ワナビー：有名になりたい人、有名だと思われたい人）などが、ときに意図的に、ときにどうしようもなく、かなり（1時間ほど）遅れて来ますが、そんなときは「Fashionably Late（ファッショナブリーレイト／約束の時間にかなり遅れること）」といわれます。

特に個人宅での小さな集まりではよほどの理由がない限り大変なマナー違反です。大きなイベントでも会の終わりに行くようなことはよくありません。個人的には、Fashionably Lateはおしゃれでもなんでもないと思っています。

30

子どもが知っておくべき食事のマナー2
食事の流れと守るべき基本的マナー

基本的な食事の流れとマナーを知る

食事は単にお腹を満たすための時間でなく、食事をともにする人と気持ちを通わせる時間でもあります。

テーブルマナーは同席した人みんなが快適に過ごせるようにと作られたもの。食事の流れに沿って、それぞれの場面でぜひ覚えておきたいマナーをお伝えします。

たくさんあると忘れるし守るのが難しくなってきます。**ですから我が家ではどこに行っても受け入れられる最小限の基本的なマナーを徹底することにしました。**我が家の食べる前、食事中、食後の「やること」ルールをご紹介します。

食事の流れ1
席に着く

基本的流れはまず自分の席に着きます。自分の席に着いたら、ナプキンを太ももの上に置きます。そしてみんなが席に着き、みんなに食事が行き渡ってから「いただきます」「Bon Appetit（ボナペティ／フランス語でいただきますに近い意味）」で食べ

始めます。

食事前の我が家の「やること」ルール

・食事に関係のないものをテーブルに載せないこと
（携帯電話、新聞、バッグ、リモコン、ゲーム、宿題 etc）
・食事の時間に遅れないようにする
・遅れるときはきちんと連絡する
・ナプキンを太ももに広げる
・食事がみんなに行き渡るのを待って、「いただきます」で食べ始める

食事の流れ2
料理が出てくる順番

コンチネンタルは、前菜、メイン、サラダ、デザートの順、アメリカンは、メインとサラダの順番が逆になります。前菜かサラダどちらか一方のことも多いようです。

フォーマルでは、前菜が冷菜と温菜の2種類、あるいはメインが魚と肉と2種類、そしてデザートの前か後にチーズが出てくることが往々にしてあります。チーズの順番は特にイギリスではデザートの後、フランスではデザートの前など国によって違いがあります。個人的には甘いお菓子でディナーを終えたいので、デザートの前にチーズのほうが好きです。

ただしグローバルにおいても、家庭でこのような順番で出すのはお祝いのときなどくらいではないでしょうか。普段は一つの皿にいろんなものが盛ってあります。我が家でもお誕生日などのお祝い以外は一つの皿に盛っています。

食事の流れ3
食事中

食事中の我が家の「やること」ルール

- 基本的なナイフとフォークの使い方を守る
- できるだけ咀嚼(そしゃく)の音を立てないようにする
- 携帯を見たりせずに食事に集中する
- 質問されたら答え、相手に質問したりして会話に参加する
- 食事中はよほどのことがない限り席に座っていること
- 食べ物に文句を言ったりせず食事は感謝の気持ちで食べる

食事の流れ4
食事中席を立つときは

食事中に席を立つときの我が家の「やること」ルール

- 座るときも立つときも基本は椅子の右から
- 途中で席を立つときはナプキンをテーブルではなく椅子の上に置く。レストランの場合はサーバーが椅子の上からテーブルに戻しておいてくれます
- 立つ際は Excuse me と必ず一言言いましょう
- 昔の映画では、レストランやフォーマルなディナーでは全員が席を立ったり男性が立ったりしますが、今はそのまま着席していて大丈夫
- もし立つのが女性なら、隣の男性が椅子を引いてあげたりするのは OK。でも家庭ではそこまでフォーマルにする必要はないと思うので、我が家でも夫が私や娘の椅子を引いたりはしません

食事の流れ5
食事を終えたら

食後の我が家の「やること」ルール

- みんなが食べ終わるまで席に座っている
- 食事が終わったらみんなが食べ終えるのを待ってナプキンをお皿の右脇に置く。ナプキンはきちんと畳まずに軽く整える程度にする。使った後のお皿には載せないようにする。これは紙ナプキンのときも同様。特に紙ナプキンの場合はあまりくしゃくしゃにしないこと
- 食事が終わったら必ず作ってくれた人、招待してくれた人にお礼を言いましょう
- 我が家ではみんなで一緒にごちそうさまを言っていました。でもグローバル社会では意外とないのが「ごちそうさま」に当たる言葉なのです。英語で一番近いのは「It was delicious（おいしかった）」でしょうか。食後に一言添えましょう。Thank you も使います
- 食べ終わった自分のお皿は自宅や友人宅ではみんなが食べ終わったのを見計らって下げます。みんなが食べ終わるのを待つ間にお皿を自分から遠ざけるのはやめましょう。「早く食べ終わってくれ」と催促しているように見えます
- 立った後椅子を元の位置に戻しましょう

31

子どもが知っておくべき食事のマナー3
友人宅やレストランでの
我が家のルール

友人宅に子どもがお呼ばれしたときの振る舞い方

食事のときは、勝手に座らずにテーブルのどこに座ればいいかをその家の人に聞きます。

友人宅にお呼ばれしたときはその家のお母さんが座るまで食べてはいけません。また、「Have a second（おかわりどうぞ）」と言われてからお代わりをすることにしましょう。

くわえて、食べ終わったら自分のお皿を下げるのも大切です。お手伝いをする子どもに大人は好印象を抱きます。

レストランでの振る舞い方

グローバル社会では子どものときから子どもたちでレストランに行ったりします。お誕生パーティーが開かれるのもレストランが多いです。

小さいうちは親が同行することもありますが、そんなときにマナー力に優れた子どもは好印象を残します。また、お友達からも一目置かれ頼りにされることでしょう。

これは確実に子どもの自信や自己肯定感、リーダーシップなどの非認知能力を育みますから、レストランでのマナーもしっかりと教えましょう。

　ここで意外と大切なのがサーバーへの態度です。サーバーへの対応であなたの子どもは評価されます。挨拶、感謝、礼儀正しさの三拍子を徹底しましょう。

　注文するときは「**お願いします（Please）**」、料理を持ってきてもらったら「**ありがとう（Thank you）**」、もし問題が発生したときは、文句を言うのではなく礼節を持って説明します。英語ならこのとき「**Excuse me**」で始めます。

　また、ホストがいる場合、注文する料理はホストと同じような値段のものを選びます。ホストが前菜を頼んだら自分も頼み、メインだけだったら自分もメインだけにしましょう。

　家族だけのときこそマナーの練習の良い機会です。お子さんと一緒にマナーを徹底させましょう。またレストランでサービスの悪さを指摘したり、ビュッフェの場合お皿に料理をてんこ盛りにしたりしないのが礼儀です。

 ## レストランでの支払いのマナー

　レストランに誰かを招待したら、自分が払うのがマナーです。相手に気を使わせないためには、デザートの後にさっと席を立ち先に会計をすませると支払いでもめることがありません。

　子ども同士の場合でも少しフォーマルな場に招待した場合は、基本的に招待したほうが支払います。ただしカジュアルな場合は割り勘で大丈夫です。

支払いでもめるのは、「終わりよければすべてよし」に反しますから後味が悪くなります。招待された場合、いったん支払いを提案しても断られた場合は素直に引き下がるのが良いマナーです。

　この場合、今度は自分からお誘いし次は自分が支払います。

レストランでのチップの払い方

　日本ではチップの習慣がありませんが、世界にはチップの習慣がある国も少なくありません。たとえばアメリカではチップで収入を補うという人もいるほどで、相場は合計金額の 15 〜 20% です。我が家では税金をつける前の金額に対して 20 %前後をチップの目安にしています。

　レストランをはじめいろいろな場面でチップの計算が必要になるわけですが、**我が家ではこの計算係を娘のスカイに任せていました。**

　計算のトレーニングにもなるし、責任感も身につくし、自分の決まった役割があると子どもも気分がいいことでしょう。海外旅行に出かけたときなど、チップの計算を子どもに任せてみるのもいい勉強になるかと思います。

　最近は現金を持ち歩く人がいないので、我が家もチップをカードで支払うことがほとんどです。

レストランでのドギーバッグはマナー違反？

　マナー違反ではありません。ですが、今は持ち帰りたいとき

は「Doggie Bag（ドギーバッグ／犬のために）」などという言い訳は使わず、単に**「Could I take it home?（残りは持ち帰りたいのだけど）」**と言っている人のほうが多いようです。

このようにお願いすれば、たいていのレストランできちんと包んでくれます。

でもそれは半分以上残したときだけ。あまりに少ししか残っていないときにお願いするのは粋ではありません。それこそ「犬のために」と言い訳したくなります。

また、友人宅にお呼ばれしたときには、残りを持ち帰ることは基本的にしないほうがいいかと思います。

 ## レストランにある楊枝で歯の掃除をしてもいい？

グローバル社会のレストランではあまり楊枝が置いてあることはありません。歯に何か挟まったようでどうしても気になるようでしたら、デザートの前にお化粧室に立ってそこでフロスなどを使うのがいいと思います。ちなみに私は外で食事をするときには念のために必ずフロスを持ち歩いています。

でも席を立つのはできるだけ食後まで待つようにしましょう。

32

子どもが知っておくべき食事のマナー4
こんなときどうする？

　予期せぬハプニングへの対応は、知っているようで意外と知らないことが多いものです。我が家で特に注意しているのは以下の点です。

レストランでナプキンにナイフとフォークが包まっていたとき

　自分でセットします。そのとき、フォークは左、ナイフは右。スプーンがあった場合、スプーンはナイフの右に置く。ナプキンは太ももの上です。

テーブルにある塩、胡椒、バターなどを取りたいとき

　基本は手を伸ばして自分で取らないこと。どうしても自分で取らないとダメな場合は「Excuse me」と言ってから手を伸ばします。でも良いマナーは、一番近い人に取ってくださいと頼むことです。たとえば「Please pass me the salt?（塩を取ってくださいますか？）」と言うと、塩が時計と反対回りで回ってくるので、左手で受けて右手で次の人に渡します。

嫌いなものが出てきたとき

「嫌い」などと言わずにそっと気づかれないようにお皿の端に寄せて綺麗に残します。食事の終わりにナイフとフォークを右

に置くので、お皿の右端に寄せるとナイフとフォークに隠れてよいかと思います。

間違ったナイフやフォークを使ってしまったとき

レストランならきちんとサーバーが別のセットが持ってきてくれますので、堂々としていることです。そうすれば意外と気がつく人はいません。どれを使っていいかわからないときはホストの真似をするか、サーバーに聞けば大丈夫です。

ナイフやフォークを床に落としたとき

レストランの場合は、自分で拾わずサーバーにお願いします。これは子どもが落としたときも同様です。親が拾う必要はありません。友人宅や自宅で落としたときは、自分で拾い、新しいものと交換します。

アレルギーがあるとき

レストランでは、自分で判断できるようにサーバーに食材について聞きます。子どもの場合は、はっきりとアレルギーのあることを伝えるほうが間違いがないでしょう。

友人宅などでは、料理が出てきたときにそっとそこの家のお母さんに聞いてみましょう。ただしお呼ばれしたときには、事前にアレルギーの有無を聞いてくるのが普通なので、あまりその必要はないでしょう。

全部食べきれないとき

「残さず全部食べないとダメ」などという人は友人宅でもレス

トランにもいませんから、無理して食べる必要はありませんが、綺麗に残すことを心がけましょう。

料理に変なものが入っていたとき

わからないようにフォークに乗せて出してお皿の脇に置きます。正しいマナーは「フォークの背に乗せる」ですが、難しいのでフォークに乗せても大丈夫です。

大切なのは相手にわからないように行うこと。ナプキンに出すのは良いマナーではありません。

お呼ばれしたお宅で食事の前にいきなりお祈りが始まったとき

みんなと同じように静かに下を向きますが、一緒にお祈りする必要はありません。呼ばれたら呼ばれた先の流儀に従うのが良いマナー、良いゲストですから、キョロキョロしたりせずにじっと終わるのを待つようにします。

 ## これってどうやって食べればいいの？

知っているようで意外と知らないのがパスタの食べ方。特にスパゲッティーやフェットチーネのように長いパスタは非常に食べにくく、きれいに食べるのが難しい料理です。

日本では右手にフォーク、左手にスプーンを持ち、スプーンの上でフォークをクルクルと回転させて、スパゲッティーを巻きつけて食べる人を見かけます。

私も高校生のときに行ったテーブルマナー教室で同じように習いました。**でもこのようにスプーンの上でクルクルとするの**

は、パスタの本場イタリアではやらないので、やめたほうがいいかと思います。

　だからといって、ナイフでスパゲッティーを短く切って食べるのもどうかと思います。イギリスに留学していたとき、超エレガントと言われるオックスフォード大学の学生が、パスタをナイフで短く切って、フォークですくって食べているのを目撃したことがありますが、子どもみたいで可愛らしかったのですがちょっとびっくりしました。

　198・199ページにいくつか「どうやって食べたらいいの？」の代表的食品の食べ方についてご紹介します。

 ## 私の「こんなときどうする」エピソード

　ギリシャ人の友達の家に行ったときのことです。日本人のお客さんが来るということで、友達のお父さんが3日間熟成させる内臓料理を作ってくれました。実は私は当時ベジタリアンで、せっかくお父さんが腕をふるって作ってくれたその料理を、どうしても食べることができませんでした。食事に招待されていたのですから、一言言っておくべきでした。

　事情を話して食べられないことを謝ったのですが、お父さんはがっかりするし、とても心苦しく思いました。アメリカに来てからベジタリアンをやめたので、今なら食べられるのに申し訳なく思いました。ギリシャでの苦い経験もあるので、私は食事に呼ぶときは、相手に必ずアレルギーや食べ物の好き嫌いを聞くようにしています。

18　どうやって食べたらいい？

スパゲッティー

正しい食べ方はお皿の中の手前のほうで数本のパスタをクルクルと巻きつけ、そのまま口に運んで食べるのです。一口で食べるのがマナーですから、巻きつける量を調整し、大きくなりすぎないようにするのがコツです。このときスプーンは使いません。

ソフトボイルドエッグ

エッグスタンドにのせられたゆで卵をどう食べるか？　これでグローバル教養度が垣間見られます。正しい食べ方はゆで卵のトップをナイフでちょっとスライスしてからスプーンで食べる。またはレストランなどで固めに焼いたパンやクラッカーがついて来たらそれをディップして食べる。間違ってもナイフやスプーンでコンコンと叩いて殻をむいたりしないように。

ロブスター

硬い殻は事前に割ってあるのでフォークを使って食べます。手で食べるのはダメ。

グリーンピース

古いマナー本だと、転がらないように軽くつぶしてナイフの背にのせて食べると書いてあったりしますが、フォークですくって食べて大丈夫。

アーティチョーク

手で葉をちぎりながら食べて大丈夫。

コーン

カジュアルなディナーでしか出されないから手で持って食べて OK です。

スープ

スプーンを手前から顔とは逆方向にすくう。

ベーコン

朝ごはんにつきものです。カリカリに焼いてあるので手で食べたくなりますが、ナイフとフォークを使います

18　どうやって食べたらいい？

チーズ&クラッカー

イベントで付きもののコンビですが、ハードチーズがすでにカットしてある場合は添えられているサーバーで取ってお皿にのせます。そのときにクラッカーも一緒にとります。ソフトチーズの場合は添えられているナイフで適量をクラッカーの上にのせます。

お魚

日本ではそのまま出てきたりしますが、海外ではそのままで調理されていてもサーバーがきちんと食べやすいようにテーブルで骨や皮を取り除いてくれます。誰かのご自宅に呼ばれた場合は切り身のことが多いでしょうから心配しなくても大丈夫です。

添えられているレモン

これは食べずにフォークをレモンにさして別の方の手でレモン汁を絞って料理にかけます。

ケバブ

串をお皿の上で支えます。そうしてフォークを持っている手で一つずつ串から外していきます。

シュリンプカクテル

もし尻尾が取り除かれていたらフォークで食べます。尻尾がついたままの時は尻尾を手で持って食べても大丈夫。でもできればナイフとフォークを使ったほうがいいです。

フィンガーフードの串や尻尾

イベントではサーバーがトレイに一口サイズの手で食べることを想定した食べ物（フィンガーフード）をのせてゲストの間を行き来することがよくあります。そのときにもし尻尾付きのエビだったらその場で食べて尻尾はサーバーが差し出すナプキンなどにおきます。串がついた食べ物も同様に食べ終わった串をサーバーに渡します。

手で食べてもいいの

フライドチキン、オイスター、イベントなどで出されるフィンガーフード（指でつまめる小さな料理）は手で食べてOKです。ピザは基本手で食べるイメージですが、ヨーロッパではナイフとフォークを使います。これはマナーというよりもヨーロッパ、特にフランスやイタリアのピザは生地がとても薄いから手で持って食べるには不具合だからではないかと思っています。

33

子どもが知っておくべき食事のマナー5

お酒との関わり合い方

グローバル社会では、子どものお酒との関わり方で犯罪者にもなりかねないので、お酒のマナーに関してはしっかりと心に留めておきましょう。

未成年者とお酒に関しての注意点

未成年の飲酒に関しては、非常にゆるい国とアメリカのようにとても厳しい国があります。

アメリカでは、飲酒が禁止されている21歳未満の子どもがお酒を飲んでいたことがわかったら、学校に通知が行き、停学処分や謹慎処分を受けます。

大学受験の際も、その処分を受けたという報告が大学側に行き、審査に影響を与えます。さらに、子どもの飲酒の場に大人がいた場合は、その大人は罪に問われます。

また、お酒を買うときには年齢確認のためID（身分証明書）を見せるのですが、偽のIDを作って年齢をごまかしてお酒を買おうとして逮捕された場合は、警察署に連行され、保護者が迎えに行くまで帰ることはできません。

家に帰れても、起訴され、裁判所で判決を受け、判決に応じ

て一定時間コミュニティーサービスをしなければなりません。しかも、犯罪者と一目でわかるオレンジ色のジャンプスーツを着て作業をしなければならないのです。

　反対に我が家が毎年夏のバケーションを過ごすフランスやイタリアなどのヨーロッパ諸国は、飲酒年齢に関してずっとゆるいです。

34

子どもが知っておくべき食事のマナー6

基本の
テーブルセッティング

基本的テーブルセッティングを知る
（コンチネンタル）

セッティングされているナイフとフォークは外側から順番に使います。カジュアルなセッティングのときは1組か多くても2組程度ですが、フォーマルだと最低3組から5組ほどあります。

どれを使うのかわからない場合は、ホストの真似をしたり、レストランのサーバーに聞いたりしましょう。知ったかぶりをするよりも、素直に聞いたほうが好感度が高いです。このときも堂々と聞くのがグローバル社会のスタンダードです。

ナプキンの基本的な使い方

欧米では食事にナプキンはつきもの。「ナプキンの使い方を見れば育ちがわかる」といわれるほどですから、ナプキンのマナーもしっかり覚えておきましょう。

ナプキンは、食事中に口元や手が汚れてしまったとき、それを拭くためにあります。ハンカチやティッシュは使わず、ナプ

キンで拭くのがマナーです。

　テーブルの上にあるナプキンは、最初の飲み物または料理が運ばれてくる前までには、広げて膝から太ももの上に置きます。同じテーブルにホストや目上の人が座っている場合は、その人が取るまで待ちます。

　基本的な広げ方は、二つ折り。折り目のほうを手前にして太ももの上に置き、口を拭くときは、折りたたんだ内側の部分で拭くようにします。こうすれば、自分の服に汚れがつくこともありません。

　中座するときは、ナプキンを軽くたたんで椅子の上に置き、食事が終わって席を立つときは、無造作にテーブルに置きます。きれいにたたんで席を立つのは、食事がおいしくなかった、サービスが悪かったというサインなので、きれいにたたまないのがマナーです。

　ちなみに、フォーマルダイニングではナプキンはお皿の真ん中に置かれていますが、普通のディナーの場合はお皿の左にセットするのが無難でしょう。

　この章では、基本的な洋食のルールについて書いてみましたが、なんとなくたくさんある感じがしても、実際にやってみると「なるほど」と納得することばかりかと思います。

　家庭でナイフとフォークを使っての食事やレストランでの食事のときなどに、実践してみてください。

　テーブルマナーを心得ている方と一緒にする食事ほど気持ちの良いものはありません。

19　基本的なテーブルセッティング

3コースのテーブルセッティング

＊これはサラダが先に出てくるアメリカンのセッティングになっています。ですがサラダ用ナイフとフォークは前菜全般に使われるのでこれで大丈夫です。もしメインの後にサラダを出したい場合は最初からセットしていなくてもサラダを出す時にセットすれば大丈夫です。またはスープ、魚、メイン、サラダ、デザートの5コースのセッティングを参考にしてください。

グラスの持ち方

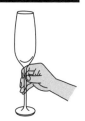

水用のグラス

大きいのでしっかりと下の方を持ちます。

赤ワイン用のグラス

赤ワインはグラスを持ちながら空気と混ぜて飲むもの。また手の温もりが伝わるのもOKなのでグラスの下の方を持ちます。

白ワイン用のグラス

冷えている白ワインはグラスの部分ではなくステムと言われるワイングラスの足の部分を持ちます。

シャンペングラス

これも白ワイン同様に冷えているものですからステムの部分を持ちます。

19 基本的なテーブルセッティング

5コースのテーブルセッティング

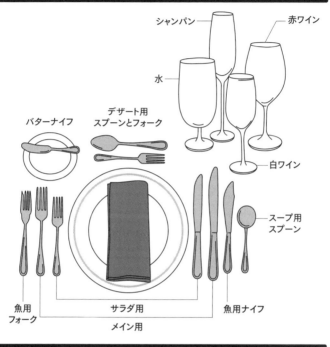

カジュアルテーブルセッティング

20　ナイフとフォークの持ち方、おき方

正しいフォークとナイフの持ち方と食べ物の切り方と口への運び方

食べ物を切るとき

食べ物を口に運ぶとき

ナイフとフォークは上から軽く握ります。その時に人差し指がナイフとフォークの柄の部分にあるのが良いとされます。食べるときは基本的に左手に持ったフォークで食べ物を抑え右手のナイフで一口サイズに切ります。この時に強く抑えて力で切るのではなく、のこぎりを使うときのように引くと簡単です。ナイフで切らなくても食べられるものの場合、ナイフはフォークに食べ物を乗せたりするために使います。

切ったあとはそのままフォークで食べ物を口に運びます。この時ナイフは右手に持ったままで大丈夫です。

ナイフとフォークの食事中、食事後のポジション

食事中

食後

食事中に手を休めたい場合はナイフとフォークをハの字型におきます。この時フォークは裏返しで 8 時の位置に、ナイフは刃の部分を内側にして 4 時の位置におきます。

フォークは表側にしてナイフの刃先は内側で4時の位置に揃えておきます。もし食事中にこのようにナイフとフォークを置いてしまうとサーバーは終わったと思って持って行こうとしますので、食べ終わるまではこの位置には置かないこと。

第 6 章

目に見える教養3

グローバル社会で
ネットワークを築くための
社交のルール

35
グローバル社会における社交行事と社交のルール

　ビジネスやCauseを通じて多数のイベントを企画し、また招待されて学んだことは**「グローバル社会ではイベントは素晴らしいネットワーク構築の機会となる」**ということです。

　ただし「社交での振る舞い方を知っていれば」という条件がつきます。それを知らなければ壁の花となって誰からも相手にされなかったり、「好ましくない人」として二度とお呼びがかからなくなったりもします。

　人脈構築のためにも知っておいて必ず得をするのが社交行事での振る舞いです。そしてこれは人と繋がることが必須のグローバル社会ではなくてはならないスキルでもあります。

　だからこそ我が家では、社交行事での振る舞い方を娘が小さい頃から家庭の中と外で実践したのです。

社交のルールで大きなアドバンテージを持つ日本人

　社交ルールとは、いわゆるマナーとかエチケットのようなものですが、それは決して表面的に取り繕うことではありません。これらは全て相手に対する気遣いの表れなのです。社交ルールを学ぶということは気遣いを学ぶことでもあります。

　この分野では日本人には大変なアドバンテージがあります。

なぜなら世界も認める「日本人の美徳」があるからです。

　礼節ある態度や日本的おもてなしは世界の賞賛を浴びるものですし、日本を訪れた外国人に強い印象を残すものでもあります。

　ただし、日本の礼儀・礼節とグローバル社会の社交ルールとでは、違う部分もあります。その違いを知らないと、せっかくの利点を十分に生かし切れなかったりします。

　その違いも踏まえてグローバル社会でネットワークを築くための社交ルールについてお話ししたいと思います。グローバル社会で15年以上ビジネスをしてきた経験、夫の仕事や社交関係、娘の学校関係などで培った、我が家の「やることルール」と「やらないことルール」をご紹介します。

社交のルールの基本は自ら参加すること

グローバル社会のネットワークを築くときに一番大切なのは、傍観者ではなく参加者となることです。

　グローバル社会では仲間に入れてもらえるのを待っていたら、機会を逃します。なぜならグローバル社会の基本は「自ら参加する」ことにあるからです。大切なのは自分から働きかけることです。

　そこで必要となるのがルールです。基本的な社交のルールを押さえておかないとどんなに自分から働きかけても、「やってはいけないこと」をすれば、逆効果で孤立します。それでは仕事も人生も広がってはいきません。

　食事と同様に、社交にも基本的な流れとその時々で必要なマ

ナーがあります。そしてこれも食事同様にたくさんあれば実践するのが難しくなってきます。ですからここでも我が家はどこに行っても通用する最小限の「やることルール」と「やらないことルール」を徹底させました。

では、社交の基本的流れとそこで必要なマナーについて、我が家のルールをご紹介します。

 ## 社交行事の基本的な流れ

どんな社交行事にも基本的な流れがあります。まずはここを押さえておくのが重要です。本章ではこの流れに沿ってご説明します。

1 (Greetings／挨拶) 挨拶・紹介・握手
2 (Introduction／自己紹介) 自己紹介
3 (Mingle／ネットワーキング) 歓談して回る

21 社交行事の流れ

1.（Greetings）挨拶・紹介・握手

- 挨拶の順番や紹介の順番に気を付ける
- 誰が先に握手の手を出すか
- キスやハグについてのルール

2.（Introduction）自己紹介

- 長すぎず、短すぎず
- 自分の業績をさらっと含む
- パッションと Cause が大切

3.（Mingle）歓談して回る

- 議論の仕方に気をつける
- 人から人への移り方に気をつける

36

グローバル社会の社交行事のコツ1
挨拶を徹底的に身につける

挨拶は、簡単なようで実は難しいものです。紹介するには順番があるし、握手のタイミングというのもあります。誰が先に手を出せばいいのか、しかもビジネスと社交とでは紹介の順番が違っています。私も最初は戸惑ってしまいそれもあって「壁の花」となってしまったのです。

でも、シンプルな基本を覚えておけば大丈夫です。

紹介の仕方・され方とその順番

最初の一歩でグローバル教養度が試されます。最初からつまずかないようにするためにもこれは必須の知識です。

[ビジネスの場合] 役職の下の人を上の人に紹介する

基本は性別や年齢に関係なく、役職の低い人をより偉い人に紹介します。このとき、Mr. Mrs. Ms. Dr. をつけ、フルネームで紹介します。

Mr. Sato が部長で、Mr. Smith が社員だった場合
Mr. Sato, I would like to introduce you to Mr. John Smith, our engineer.

（佐藤部長、我が社のエンジニア、ジョン・スミスさんを紹介させてください）

次に、

Mr. Smith, Mr. Taro Sato is our manager.

　（スミスさん、こちらが我が社の部長の佐藤太郎さんです）

と続けます。

[社交の場合] 女性・年配の人をたてる

　ビジネスとは反対に性別や年齢が関係します。

　男性と女性がいた場合は、男性が女性に紹介され、年齢が違う場合は、若い人が年齢の上の人に紹介されます。

　社交ではいろんな性別年齢の方にお会いしますが、とりあえず女性を優先し、男性をまずは女性に紹介するようにするのを原則としておくといいかと思います。

Mary, may I introduce you to my friend, Tim Bork.

　（マリーさん、友人のティム・ボークさんを紹介させてください）

Tim, this is Mary Smith, my friend from high school.

　（ティムさん、こちらは高校時代の友人マリー・スミスさんです）

　このとき社交だから簡単に済ませようとして、Ms. Smith, Mr. Bork.（こちらスミスさん、こちらボークさん）Mr. Bork, Ms. Smith.（ボークさん、スミスさん）と手で相手を示しながら略して紹介するのはカジュアルすぎるので、注意してください。

紹介されたときの受け答え

基本的には、名字だけで大丈夫です。

Mr. Smith, it's a pleasure to meet you.
　（スミスさん、お会いできて嬉しいです）
Mr. Sato, it's a pleasure to meet you, too.
　（佐藤さん、私もお会いできて嬉しいです）

　社交では、上記のようにファーストネームで紹介された場合はファーストネームで大丈夫です。

Tim, nice to meet you.
　（ティム、お会いできて嬉しいです）
Mary, nice to meet you, too.
　（マリー、私もお会いできて嬉しいです）

こんなときどうする

【家族はどう紹介すればいいか】
　家族を紹介するときは、自分の妻や夫、パートナーや子どもに Mr. Mrs. はつけません。ファーストネームで紹介し最後に関係を明確にする表現をつけます。このとき「Mr. Bork」とは紹介しません。

I would like to introduce you to Tim, my husband.
（夫を紹介します。ティムです）

おじさんやおばさん、兄弟姉妹の場合もパートナーと同じで、「I would like to introduce you to Mary, my sister（妹のマリーを紹介します）」と最後に関係を明確にする表現をつけます。

【ファーストネームで呼ぶべきかどうか】

アメリカの場合はファーストネームで呼び合う印象が強いのですが、ビジネスでは最初の紹介時はフルネームで紹介します。

その後、もし相手が「Please call me Taro（太郎と呼んでください）」と言った場合は、相手をファーストネームで呼び、自分も「Please call me John（ジョンと呼んでください）」と言って、お互いファーストネームで呼び合います。

こうしたやりとりがないのに、いきなりファーストネームで相手を呼ぶのはビジネスでは失礼に当たります。ビジネスの場合、役職の上の人がファーストネームベースでいくかどうかを決めるので、役職が下の人は自分からは言い出さないことです。社交の場合は後に紹介された人がファーストネームで呼んでと言うまで待ちます。

とてもカジュアルな集まりではファーストネームだけで紹介しあうこともありますが、このようなときは、いきなりファーストネームでもちろん大丈夫です。

【一回で名前が聞き取れなかった場合】

英語が第二外国語の場合はなかなか聞き取れない場合はよく

ありますから、聞き返して大丈夫です。ここでも、I am sorry ではなく Excuse me を使います。

Excuse me,but, I am not sure if I can pronounce your name correctly. Would you mind repeating it for me?
（私はあなたの名前をきちんと発音できるかどうか自信がないの。申し訳ないけどもう一回教えていただけますか？）

　日本語では深い謝罪というより、軽い意味で「ごめんなさい = Sorry」と言っていることがほとんどだと思うのですが、同じような調子で I am sorry と言うと、グローバル社会では変なことになります。なぜなら、日本語で軽く「ごめんなさい」や「すみません」を言うような状況には、Excuse me のほうが的確な場合が多いからです。

　私は以前、少しぶつかったときに日本的な感覚で I am sorry と言ったら「そんなに悪いことしてないじゃない、どうして謝るの？」と言われてしまいました。Excuse me は、「あ、失礼」くらいのちょっと軽めの I am sorry のようなもの。本当に悪いことをした場合だけ I am sorry で、あとは Excuse me です。

【誰も紹介してくれない場合】
　大きなイベントや知り合いのいないイベントに行った場合、誰もあなたを紹介してくれないときが多々あります。このとき何もしなければあなたは壁の花となるでしょう。グローバル社会は自分から働きかけないと何も起こらない社会ですから。
　スムーズに人の輪に入って行くためには二人で話しているグ

ループではなく、もう少し多い人数で話しているところにタイミングを見計らって近づきます。そしていったん会話が途切れたときに、「Hello, I am Shigeko Bork.（こんにちはボーク重子です）」と自己紹介します。

ファーストネームだけで自己紹介する人もいますが、ラストネームもきちんと言うほうが親切です。なお、自分のことを「Mrs. Bork」とは呼びません。

知っている人が誰一人いなくても、オドオドせず「自分はここにいる資格がある」と胸を張って挨拶しましょう。

グローバル社会では仲間に入れてくれるのを待っていてはいつまでも蚊帳の外ですから、社交ルールを駆使して自ら参加していくことが大切です。これはスキルの問題ですから、回数をこなせば誰だって自然とできるようになります。

【著名な人を紹介する場合】

著名な人は、みんなに知られていることが前提ですから、性別、年齢、社交、ビジネスに関係なく、先には紹介しません。

私はそのルールを知らないで、「こちらはコリン・パウエル将軍の奥様です」と私の友人に先に紹介してしまい大恥をかきました。

こんなときは私の友人を奥様に紹介するのが筋。「Mrs. Powell, I would like to introduce you to my friend from Japan, Mrs. Hana Sato（パウエル夫人、日本からやってきた私の友人佐藤花さんを紹介させてください）」これが正解でした。

結婚式のときにも同様のことをしてしまいました。夫がノーベル平和賞を受賞した南アフリカのツツ大主教と親交があるた

め、南アフリカでツツ大主教が私と夫の結婚確認式を取り行ってくださることになりました。

日本から両親が来てくれたのですが、そのとき、私は感動のあまり、ノーベル平和賞受賞者であるツツ大主教を「Dad, Mom, This is The Archbishop Desmond Tutu（お父さんお母さん、こちらがツツ大主教様です）」と両親にまず紹介してしまったのです。

これも大間違いでした。この場合も「Archbishop Tutu, I would like to introduce you to my parents from Japan（ツツ大主教様、日本からやってきた私の両親を紹介させてください）」が正解。また、この場合の私の両親の正しい受け答えは、「Archbishop Tutu, It's a pleasure to meet you（ツツ大主教様、お目にかかることができて光栄です）」です。

【座っているときに、誰かを紹介された場合】

昔は女性が席を立つことはなかったのですが、それはもう時代遅れ。今では座っているところに誰かが来て紹介されたら、性別に関係なく、すぐに席を立って受けることが礼儀です。

女性が座ったままでいいのは、かなり年配の女性に限るかと思います。

もし身体的に無理なときや、あまりにもぎゅうぎゅうで立つことが難しい場合は、「座ったままで失礼します」とひとこと断るのが礼儀。このときも I am sorry for not standing ではなく、Please excuse me for not standing（座ったままで失礼します）です。

【子どもは座ったままでいい？】

子どもにも、相手が大人でも男の子でも女の子でも座っているときに挨拶されたら即座に席を立つことを教えましょう。こうした礼儀をわきまえた子どもに、大人はとても好印象を持ちます。

正しい握手のルール

紹介の次に来るのが握手・キス・ハグですが、**初めて会った人や久しぶりに会ったよく知らない人などに、いきなりキスやハグをすることはありません。まずは握手です。**

握手は怪我をしているなどの身体的事情がない限りは右手です。このとき、ワイングラスやバッグは左手に持ちます。

握手の基本は「Firm and Short（しっかりと短く）」。しっかりと握り2、3度軽く上下させれば十分です。強く、というアドバイスをよく聞きますが、強すぎると相手も痛いので、適度にしっかり握ります

また、子どもでもきちんとしっかりした握手をするようにします。女性の場合、昔の映画で見るような少し弱そうな手の差し出し方は、現在ではする人を見かけません。弱さよりも強さがグローバル社会の女性のスタンダードだからでしょう。

誰が先に握手の手を差し伸べるのか

[ビジネスの場合]

昔はビジネスの場では誰が先に手を差しのべるか決まりがあ

りましたが、今はどちらから握手の手を出しても大丈夫です。

[社交の場合]

社交の場合も男性女性に関係なく、どちらから先に手を出しても大丈夫ですが、ヨーロッパ圏では女性が先に手を差し出すというオールドファッションが通例のようです。

私は、自分から挨拶をしたときは先に手を出すことにしています。これは女性同士の場合にも便利です。

こんなときどうする

【握手の手を差し伸べたのに握手してもらえなかった場合】

そんなときは、自分が出した手を自然にさっと戻します。

個人的な悪意と取って気分を害するよりは、何もなかったように振る舞うほうが、品格があります。このようなマナーのない人もグローバル社会にはいますから、気にしないことです。

私がまだアート業界で駆け出しだった頃、社交の場であからさまに私が差し出した手を無視する人はどこにでもいました。握手の手が宙を浮いたくらいで恥ずかしいと意気消沈してはダメ。それは相手に礼儀がないだけで、自分にはなんら非はありません。

そんなときは、「It's your loss, not mine（損するのはあなた、私にはなんの問題もなし）」の気持ちとスマイルで乗り切りましょう。

大切なのは、自分が他の誰かに対して同じ非礼を繰り返さないことです。

【右手も左手もふさがっている場合】

　ビュッフェなどでは、左手にハンドバッグを抱えていると、どうしてもワイングラスは右手になります。そのためイベントでは腕や肩にかけたり、脇に挟めたりするようなバッグが適しています。

　でもどうしても両手がふさがっているときは、いったんグラスを脇に置きます。置く場所がなく握手ができない場合は、Excuse meで乗り切ります。

　ただし、片手にワイングラス、もう片手に食べ物のお皿では、握手はできないからやめたほうがいいでしょう。

 ## キスやハグについて

　グローバル社会ではみんな会った途端にキスをし、その次にはハグが続くような感じがします。でも必ずしもそうではありません。大人社会だって初対面でキスやハグはしません（食事やミーティングの後で気心が知れ、帰り際のお別れの挨拶はキスなんてことも往々にしてありますが）。

　子どもの場合親戚や友人など親御さん自身がキスやハグで迎える相手には、自動的に子どももそうするように思うかもしれませんが、子ども自身の気持ちも大切です。ですから、その決定権は子どもに委ねましょう。

　我が家でも、私がキスする友人でも、娘がその人をよく知らない場合、娘は握手で応えています。それで全く問題ありません。ただ、相手が先に握手の手を出したら子どもはそれを受け、もし子どもが行動するよりも先に大人のほうがキス＆ハグだっ

たら拒まず受け入れるのが礼儀です。

　反対に、もし子どもがキスしたり、ハグしてきたらどうでしょうか。大人は受けるべきでしょう。

　ちなみに挨拶のキスにもアメリカとヨーロッパではちょっとした違いがあります。一般的にアメリカでは片頬に、ヨーロッパでは両頬にキスをします。

子どもと大人の挨拶における握手

　男の子でも女の子でも、大人に会った場合に自分から右手を差し出して大丈夫です。大人のほうから先に右手を差し出したときは、自分も右手を出して握手します。見ていると、子どもが小さい場合は、圧倒的に大人から握手の手を出すほうが多いようです。

　年齢が低い子や、大人と挨拶することに慣れていない子などは、大人から手を差し出されても、もじもじしてしまうことでしょう。そんなとき親御さんは無理やり子どもを押し出すのではなく、親御さんの後ろに隠れていながらも、子どもが相手に対してきちんとアイコンタクトをし、笑顔を返すよう教えましょう。

　無理に押し出すと、親がやってほしいことをきちんとできないということで子どもの自己肯定感が下がります。まずはアイコンタクトで笑顔を返す、そんなことから少しずつ慣らしていきましょう。子どもの自己肯定感を下げてしまうので「うちの子は恥ずかしがり屋で」などと言う必要はありません。

　ですが、いずれはきちんと握手ができるように導きましょう。

大人からの印象がずっと違います。

子どもが大人に挨拶するときの
正しい大人の呼び方

日本人の場合は相手を呼ぶときに基本的に苗字で呼びますが、グローバル社会では名前で呼ぶことも多々あります。でも子どもの場合は、グローバル社会でも基本的に Mr. や Mrs. で呼ぶのが礼儀です。最近では Ms. というのもあります。

私は個人的にそれほどこだわっていませんが、Mrs. や Miss という、結婚しているか・していないかの区別をするような呼称を嫌う人もいます。そんなときは Ms. で呼びます。

知らない人や見た目ではわからない場合は Ms. を使うと無難です。職業がお医者さんの場合は Dr.（ドクター）をつけ Dr. Bork と呼び、大学の教授の場合は Professor（プロフェッサー）をつけ Professor Bork と呼びます。

相手との関係によって、たとえば両親の親しい友人であるとか親戚の場合は、もし親や本人が OK した場合は、大人でもファーストネームで呼んで大丈夫です。でも、友達のご両親は、その友達とどんなに親しくても、基本的に「Mr. Mrs. ＋苗字」で呼びます。

37

グローバル社会の社交行事のコツ2

自己紹介で大切なのは自分を魅せるテクニック

無事に挨拶と握手を乗り切ったら、ここからがネットワーク構築の本番です。

自分を「魅せる」ことができないのは「つまらない人」

グローバル社会では自信ある態度で堂々としていることが大切です。そして自分のことは自信を持ってPRします。

これが自慢話や宣伝に徹してしまうと品格にも魅力にも欠けますが、「魅せる」スキルを身につければ自身の魅力を効果的に伝えることができます。

謙遜することが美しいとされる日本人の場合、自分を「魅せる」ことには抵抗があるかもしれませんが、グローバル社会では謙遜よりも「魅せる」ことがネットワークを広げる秘訣です。謙遜ばっかりでは「結局なにもないの、この人？」で終わってしまいかねません。

グローバル社会では本当に自分を魅せることの上手な人がたくさんいます。いいなあ、と思い夫も私も娘も実践していることが3つあります。

自分を魅せる自己紹介のコツは次の3つです。

コツ1
長すぎず短すぎず

長すぎず短すぎず。目安は30秒です。ビジネス用、社交用に2パターン用意しましょう。子どもの場合も大人と話をするときのために用意しておくとよいかと思います。

何事も長すぎるのは相手を退屈させます。

イベントのスピーチで一番ありがたがられるのは「良いスピーチ」よりも「短いスピーチ」なんて言われるくらいです。

私がアメリカで受けた3ヶ月のスピーチの特訓でも最初のレッスンは自己紹介ですが、30秒は結構長いですから、十分いろんなことを話せます。

コツ2 謙遜しすぎず宣伝にならない程度に
自分の業績をさらっと含む

30秒には功績や達成したことを含めます。履歴書のように列挙するのではなく、面白いエピソードを通して伝えるのが記憶に残りやすくかつ好奇心を喚起し効果的です。

私は社交イベントで、自己紹介としてよく起業時の話をします。思いもかけない中国現代アートとの出会い、子連れアートの旅でのハプニング、スパイに間違われた話、副大統領夫人相手にしてしまった失敗談。これらをさわりの部分だけ話します。

そうすると「もっと聞きたい！」といろんな質問をされ話しが弾んでいきます。最近ではアートビジネスからライフコーチに転業した話も自己紹介として使っています。

「自分はこんな賞をもらった、こんな業績を残した」というつまらない功績の羅列は、みんなすぐに忘れてしまいますが、エピソードは相手に対し鮮明に自分を印象付けることができます。

効果的なネットワークのためにも、いろんなエピソードを用意しておくとよいかと思います。

コツ3　グローバル社会の自己紹介で
最も大切なことはパッションとCause

私はグローバル社会の自己紹介で最も大切なことを、専業主婦の女性たちから教えられました。以来、自己紹介のときに実践しています。

グローバル社会において、専業主婦は自分の職業を「専業主婦」とは自己紹介しません。耳を澄ましてみると、「以前は○○の仕事をしていたけど今は子育ての合間に□□をしています。いつか、●●のために■■ができたらいいなと思っているの」という具合に、家事や子育て以外の自分について、自分がやっていること、自分の夢や目標、打ち込んでいる趣味などについて話をしているのです。

働いているかいないかは重要ではなく、自己紹介で大切なのは自分のパッションとCauseを語ることです。

そこで私も自己紹介の仕方を「今は子育てと主婦業に専念しているけど、いつかアジアの美しさを伝えるためにアジア現代アート専門ギャラリーを開きたいと思っています。それで時間を見つけて美術館でボランティアをしているの」と変えました。すると「子育てしています」と言った途端に私の周りにぽっかり空いていた空間はなくなりました。そうして、いろいろな人

といろいろな切り口で話がはずむようになったのです。

ライフコーチとなった今は「全然自信のなかった私が自分らしく生きられるようになったコーチングのスキルを一人でも多くの方と共有したいなと思ってアートコンサルタントから50歳のときにライフコーチに転業したの」と自己紹介の口火を切っています。

これは「私は、ライフコーチで●で勉強し、▲年に資格を取り■人のクライアントと×時間の実績があります」と言うよりもずっと魅力的だと思いませんか。どんな人生を歩いてきたのだろう、どんなスキルを持っているんだろう、どうして50歳のときにと、好奇心をわかせます。

反対に業績満載の自己紹介は、「あら、すごい」くらいしか思わずすぐに忘れてしまうでしょうし、そもそもライフコーチがなんなのかにも興味を抱かないでしょう。

ビジネスマンも仕事の話は職種くらいにして、あとは自分のパッションについて話すと、意外なネットワークを構築できるかもしれません。

子どもの場合も「小学校3年生です」などで終わらずにやってみたいこと、そのためにやっていることなどを盛り込んで自己紹介するとたくさんの人の記憶に残ることでしょう。

グローバル社会の社交行事のコツ3
Mingleの基本を身につける

　Mingle はネットワークのためにあります。効果的に Mingle の機会を使うために我が家で実践しているルールを紹介します。

社交イベントの基本はMingle

　イベントやパーティーなどでいろいろな人と知り合い、話をすることを「**Mingle（ミングル／交わること）**」といいます。知らない人と話し、ネットワークを広げるために、みなさん Mingle するのです。この Mingle がネットワーク構築の大切なスキルです。

　成功する Mingle のポイントは二つ。一つは議論の仕方、もう一つは人から人への移り方です。

　議論のルールとトピックについては第3章に詳しく書きましたので、ここでは人脈を効果的に作るための人から人への移り方について触れたいと思います。

Mingleの基本、人から人への移り方をマスターする

Mingleの基本はいろんな人と話すことですから、一人の人とずっといるのはマナー違反。また誰も彼もと数をこなすのも良いマナーでもありません（235ページ）。

ここではMingleのとき、人から人へ移るマナーについて説明します。

ネットワーク上手になる秘訣は「反対向きの矢印」

より効果的に繋がるには矢印の向きを反対にすることです。

人脈を作るというと頭に浮かぶのは、「この人は自分のために何をしてくれるか？」「この人はどう利用できるか？」というように、矢印の方向を「相手→自分」と相手の側から自分に向けることではないでしょうか？

自分は受け手であり、自分のためにできることがより多い人と繋がりたい。そんな構図を思い描くことが多いかと思います。私もそうでした。

ですが多くのイベントに参加し、アートの世界で15年以上ビジネスをしてきて思うのは、使える人脈を構築したかったら矢印の方向を変えなければいけない、ということです。

ですからMingleの会話では相手を知るための質問に徹し、そこから自分はこの人のためにどんなことができるか、を考えるのです。そして相手に対して自分ができることを、エピソードを使ってやんわりと伝えます。

自分に興味を持ってくれたあなたのことを、相手はきっと覚

えていることでしょう。そして何か必要があったときに、きっとあなたに連絡してきます。そこから人脈が生まれるのです。

あなたが相手に与えるものがなければただの名刺交換で終わってしまいます。また相手があなたに与えることのできるものが何もなければ、これも名刺交換で終わってしまいます。人脈は give & take が基本です。

 ## 私のネットワークが
広がるきっかけとなったMingle

私がはたきかけをしていた美術館のイベントで、その美術館の企画部の人と知り合ったときのことです。

私は今どんなことをしているのかを聞いたのですが、返ってきた答えはサイレント・オークションといわれる寄付金集めのイベントの準備でした。

そこで私は似たようなイベントに出席したときに出品されていた商品について、人気があったのがどんな出品物かも含めて話し始めました。すると次の日なんと彼女から「1000件の電話かけられる？」と、電話がかかってきたのです。

それだけたくさん電話をかけないと資金集めに必要なだけの出品物は集まらないということだったのでしょうが、もちろん引き受けました。

そうして3ヶ月後のイベントでは100を超える出品物をいろんなところから寄付してもらうことに成功したのです。かけた電話の数は1000回を超えていました。

その後すぐに私は美術館の婦人部の方々に紹介されることになりました。ここからまた人脈は大きく広がることとなったの

です。

 ## 意外なMingleのコツ

実は私や私の友人たちが実践しているMingleのコツが一つあります。それはイベントに出かける前に、少しだけ腹ごしらえをしてから行くことです。

イベントは夕方遅くから始まることが多いのでちょうどお腹も空いた頃です。そこで食べ物や飲み物をめがけてダッシュしたり、食べることに専念したりしてしまってはせっかくの機会が無駄となってしまいます。

 ## 今まで行ったイベントで一番感動的だったMingle

これまで数え切れないほどいろいろなイベントに行きましたが、その中で一番感動的だったのは、オバマ前大統領が大統領選に立候補して初めて催した資金集めのランチです。

当時上院議員だったオバマ前大統領とは、「ワシントンの美しい25人」に一緒に選ばれていたこともあって、勝手に親近感を持っていました。ですから会を主催していた友人から「来て」と電話があったとき、すぐに夫と駆けつけたのです。

当時のオバマ前大統領は、無名ではなかったものの、古株の政治家が牛耳るワシントンDCにおいては新米政治家でした。集まったのは300人ほどだったのではないでしょうか。おかげで誰もがオバマ前大統領とたくさん話ができる最高に素敵な

Mingleでした。

そしてオバマ前大統領は、その1年半後には5万人収容の会場で勝利宣言をしてしまうのです。

 ## Mingleのジレンマ、ドアを開けるべきか否か

21世紀のレディーファーストは微妙です。

Mingleの会場に入るとき、男性の友人が女性のためにドアを押さえたら「そんなことしてもらわなくて大丈夫。私は助けが必要なほど弱くありません」と言われたそうです。

以前は、男性がさっとドアを開けるのが普通でしたが、今では女性がドアのそばにいた場合は、後ろにいる男性が開けてくれるのを待たずに自分で開ける女性が圧倒的に多いです。私もそうしています。

また、コートの脱ぎ着を手伝ったり、重い荷物を持ったりなど、もしかしたら体に触れてしまうかもしれないことに関しては、男性は「Allow me?（お手伝いしましょうか？）」「May I help you?（お手伝いが必要ですか？）」と一言聞いてみるとよいかと思います。そこで「Thank you（ありがとう、お願いします）」と言われたらお手伝いすればいいし、「I am fine, thank you（いいえ、結構です）」と言われたらお手伝いする必要はありません。

エレベーターのドアが開いたときも同様に近くにいる人が先に乗ります。誰が先に乗っても、先に乗った人がボタンを押してドアを開けた状態にし、全員が乗り終わるまで待ちます。

私はこのようなとき、もし私の前にいる男性がエレベーターのドアを押さえ「お先にどうぞ」と言ってくれたら、「ありがとう」と言って先に乗ります。

　階段も同様です。もし男性が「お先にどうぞ」と言ってくれた場合は遠慮なく先に上がって行きます。

　もちろん、男性がレディーファーストしてくれなかったからといって、その人が特別がさつな人というわけでは、もうありません。ですが個人的にはレディーファーストな男性って素敵だなと思います。もちろん21世紀のジェントルマンのメンタリティーを持ったレディーファーストであることが前提ですが。

女性は男性の前を歩くほうが素敵に見える

　また、日本では夫婦同伴のビジネスや社交関係のイベントは少ないかもしれませんが、グローバル社会では夫婦同伴のイベントもたくさんあります。**そんなとき女性は男性の後ろを歩かないようにしましょう。**

　どうしても付き従うイメージがあり弱いイメージが先立ちます。一緒に並んで歩くか、または一歩前を歩きましょう。

　これは昔からのレディーファーストの名残ですが、ガールパワーのメンタリティーで女性が先に歩くのが素敵だと思っています。

39

グローバル社会の社交行事のコツ4
気持ちの良いゲストになる

　グローバル社会でネットワークを拡大していくためには社交行事に再び誘われることも大切です。そのためには気持ちの良いゲストであること。それにも一定のルールがあります。

　以下に、我が家が特に気をつけている注意すべき6点を挙げます。

気持ち良いゲストであるために1
守るべきイベント前の社交ルール

　郵送されてくる招待状もありますが、今はメールなどで招待されることも多いかと思います。どちらの場合も、招待状には次のようなことが書かれているでしょう。

・RSVP（フランス語で要出欠の返答ということです）

　たいていいつまでに返答してください、という期限がありますからそれまでに出欠の連絡をします。特に欠席の場合は、すぐに返答するようにしています。期限内に回答しないのは失礼にあたりますから。

・Invitation non-transferable（この招待状を別の方に渡すことはできません）

22 | Mingleの基本

やるべきこと

- エレガントに別の人に移るためには相手が一人にならないように近くにいる人を紹介する
- そのあとに「It was wonderful talking with you（話ができてとても楽しかった）」とお礼を言って失礼すること
- 話し相手が主催者、また著名人だった場合は挨拶程度にする
- 話の輪に入るなら基本は3人以上の輪に入っていくこと
- 自分のドリンクを取りに行く場合は、話している相手方にも何を飲みたいか聞いてその方の分を持って戻って来るのが礼儀

やってはいけないこと

- 壁の花になる
- 他の人に移りたいからと話している相手を一人にする
- 同じ人と長時間話す
- 知っている人とだけ一緒にいる
- 2人で真剣に話しているところに割って入る
- 一緒に行ったパートナーとべったり一緒に行動する
- もっと偉い人・有名な人はいないかなと話し相手を無視してキョロキョロする
- 別の人に移りたいからとドリンクを取りに行くことを口実にして戻らないのは礼儀知らず（もっとも相手が失礼だったりした場合は、この口実は便利です）
- 話の途中で電話に出る
- ビュッフェやバーに真っ先にいく
- ビュッフェの周りでいつまでもウロウロする

このような一文は、比較的大きなイベントや政府の要人などが出席するイベントで見かけます。この一文があった場合は、自分が行けないからといって誰かに招待状を渡さないことです。

気持ち良いゲストであるために2
イベント後の社交ルール

ご自宅やレストランに招かれた場合は、手書きの Thank you card（お礼状）を郵送します。

基本的には24時間以内に出すのがよいとされます。もし親しい間柄だったらメールでも代用できますが、すぐにお礼の手紙やメールを出すということが大切です。お礼状を出さないのは究極のマナー違反です。ですから我が家では娘が小さい頃からお礼状を徹底させました。

友人が自分のためにお誕生日会やランチパーティーを開いてくれたときはお礼状だけでなく次の日にお花を贈るとよいかと思います。

気持ち良いゲストであるために3
ホステスギフトという社交ルール

グローバル社会でのホスト・ホステスは、日本で使われているのとは少し意味が違います。「お客様をおもてなしする」ということに関しては同じなのですが、**グローバル社会では、ホスト・ホステスは会の主催者を意味します。**

自宅に招かれたときはその家の奥様（ホステス）にお渡しするギフト、ホステスギフトを持参します。

ホステスギフトはホステスの手を煩わせないものを選びまし

ょう。またあまり高価なものも避けます。かえって相手に気を使わせてしまいますから。ホステスギフトは招待してくれてありがとうの気遣いなのでくれぐれも忘れないようにします。

- **花瓶に入っていない花束は避ける**
- **すぐ冷蔵庫に入れないといけないものも避ける**
- **最適なのは花瓶に入った花、チョコレート、ワインやシャンペン、キャンドル、お茶。もしよく知っている人ならその人が好きそうな本も喜ばれます**

今までいただいた中で一番心に残っているホステスギフトは、自宅のお庭で作ったトマト。

当のお客様は、みなさんがシャンペンやワイン、チョコレートにキャンドルなどエレガントなホステスギフトを手にしているから赤面していましたが、ワシントンDCに住んでいると、もぎたてのおいしいトマトにはなかなか出合えませんから、こうした素朴なギフトはとても嬉しいのです。

またその人にしかできないホステスギフトだからこそ心に残ります。

気持ち良いゲストであるために4
乾杯の社交ルール

イベントでの乾杯はホストやホステスが音頭を取ります。ホストの乾杯があった後なら、ホストのためにゲストが乾杯しましょうと言って大丈夫です。

Let's toast to out host and hostess
（主催者に感謝を込めて乾杯しましょう）

自分のためのパーティーの場合は、乾杯をしてもグラスに口をつけて飲んではいけません。乾杯はその人への賞賛ですからそこで飲んでしまえば、自分で自分を褒めていることになってしまいます。

その場合はグラスを軽くあげることで答えます。

気持ち良いゲストであるために5
お酒を飲む場合の社交ルール

イベントにお酒はつきもの。ここで失敗する人もたくさんいます。

テーブルにワイングラスがあるのに自分はお酒を飲まないとしたら、ワイングラスを逆さにするのはマナー違反です。サーバーがワインを注ごうとしたときに手でグラスをふさぐのもマナー違反だしエレガントではありません。サーバーが注ごうとしたときに、軽くワインの縁に触れるのがルールです。

また、レストランの食事に招待された場合は招待した人が何を飲むか決めるまで自分の分はオーダーしないことが礼儀です。「同じものを」が一番無難。もしその人がワインと言えばワインにし、ビールと言えばビールにする。もし招待してくれた人が飲まない人の場合は、ビジネスなら主催者に合わせる。親しい友人なら「Would you mind?（飲んでもいいかしら）」と言って、ワインならグラスで頼む。このとき一番高いものをオーダーするのもマナー違反です。くわえて、ワインのウンチクを長々と

垂れるのは興ざめなのでやめましょう。

グローバル社会は酔っ払いに非常に厳しいです。実際私はアメリカに来てからパーティーで酔っ払っている人を見たことがありません。

みなさん人前では嗜(たしな)む程度に飲んでいらっしゃいます。あくまで潤滑油。そんな感じですから、イベントでのお酒はほどほどがよいでしょう。

気持ち良いゲストであるために6
イベントへの入場と退室の社交ルール

自宅でのお食事会でもない限り、イベントの場合はたいていネットワークの時間が最初に30分から1時間ほどあり、次に挨拶やスピーチなどのプログラムが30分から1時間ほど、そしてその後はまたネットワークというのが一般的なので、プログラムが始まるまでが一番効果的にネットワークすることができます。

プログラムの後は帰ってしまう人が多いので、くれぐれもFashionably lateにならないようにしましょう。

プログラムの途中で帰るのは良くないマナーの代表のようなもの。特にスピーチの途中での退出は避けましょう。

誰だって話している途中に人がいなくなるのは良い気がしないものです。どうしても先に抜けないといけない場合は、プログラムが始まる前に帰りましょう。

帰る際、招待してくれた人や主催者がもし会話に集中しているようなら、挨拶は不要です。

40

グローバル社会の社交行事のコツ5
自宅にお客様をお招きするときの必須の知識

　招かれたら招く。これが社交のマナーですから、自分がホストやホステスになることもあります。グローバル社会ではよくある、自宅にお客様を招くときにホスト・ホステスとして我が家で実践している点は以下のようになります。

良いホスト・ホステスであるために1
招待状の基本

イベントの3週間ほど前に告知

　カジュアルなディナーの場合は2週間でも大丈夫ですが、お子さんのお誕生日会などは、みなさんお稽古などで忙しいし両親の都合もあるので、3週間前には招待状を出したほうが、出席率が高くなります。基本はメールで大丈夫です。

しつこく返答を催促しない

　1週間前になっても連絡がこない場合やRSVPの期間内に返事がこなかった場合は「来週の夕食会の招待状を送ったのだけど届いているかしら？」とやんわり伝えるとよいかと思います。それでも返答がない場合は忘れましょう。

良いホスト・ホステスであるために2
やることルール

男性が働く

家庭での食事のときホストがホステスを助ける姿は見ていてとっても素敵です。ゲストのコートを受け取ったり、ウェルカムドリンクをお渡ししたり、お料理までしてしまうホストもいます。女性は「Lady of the House（レディー・オブ・ザ・ハウス）」と言って家庭で一番大切な存在ですから、働く男性にはみんなが好感を持ちます。

アレルギーの有無を確認する

今はアレルギーを持っている人が多く、ナッツアレルギーなどはアナフィラキシーショックなど大変な事態も引き起こしますから必ず聞きましょう。またベジタリアン、ペスカトリアン（魚は食べるベジタリアン）、ビーガンなど、食事制限のある方もいるのでこれを聞くと気遣いを感じさせます。

会話の仲介役となる

ホストとホステスは、質問役となり会話が途切れないようにします

適当な時間に食事を終えるようにとりはからう

平日の夕食会は遅くとも10時には終わるようにしたいもの。そのためには開始を7時にし、Mingleタイムを経て、夕食は8時に始め、デザートを9時にサーブします。

お開きの合図はデザートの後30分ほどしたときのコーヒー

のお代わり。たいてい誰かが「いえ、もう遅いから結構です」となり、お開きの合図となります。そこから30分以内に終わるのが普通の流れです。基本的にはゲストの到着から平日は3時間前後、ウィークエンドは3〜4時間前後が目安です。

良いホスト・ホステスであるために3
やらないことルール

お料理の準備のために中座しすぎない

なるべく料理するために中座しなくてもすむような作り置きできるメニューを選びます。

カジュアルなディナーで、ゲストがいるところで話しながら料理するようなときも、ゲストが手伝う必要がないような簡単なメニューを選びます。そうしないとゲストに「お手伝いしないと！」と思わせてしまいます。

終わった食器を下げて洗い始めない

下げるのはいいのですが、洗い始めないことです。「早く帰ってください」と言っているようにみえます。

時計を見ない

これも「早く帰ってください」と言っているようにみえます。

良いホスト・ホステスであるために4
「靴を脱いでください」は許される？

日本に外国人を呼ぶ場合は、靴を脱いでもらうのは全く問題ありません。ですが外国で自宅に迎えるときはどうでしょうか。

よほど気心が知れた間柄の場合、また4〜5人の小さな集まりの場合はその場で脱ぐようにお願いしても、問題はないかと思います。でも、大きな集まりや初めての人がいる場合、特に女性の場合は、靴も含めて服装のコーディネートをしています。だから靴を脱ぐのは躊躇（ちゅうちょ）するだろうし、スリッパなどのみんなが使い回すものに慣れていないと、やはり違和感があると思います。なかには靴を脱ぐことに拒絶反応を示す人もいます。

どうしてもお客様に靴を脱いで欲しい場合は、招待するときにその旨を伝えておくとよいでしょう。**ですがそれでも脱ぐのが嫌な方は脱ぐ必要はない、そのくらいの気持ちでいることが良いホスト・ホステスです。**

お客様にくつろいでもらうことを考えた場合、「靴は脱いでください」ではなくて、「どちらでもよい」という選択肢があることが大切だと思います。

良いホスト・ホステスであるために5
失礼なゲストがいたらどうする？

お招きしたゲストの一人は大のフットボールファン。そしてディナーにお招きしたその日は、彼のご贔屓（ひいき）のフットボールチームの試合があったのです。このゲストはディナーの間ずっとテレビにかじりついて、我が家の6人用のテーブルは、一つの席がぽっかりと空いたまま。「礼儀知らず」とも「帰って」とも言えず、非常に困ったのでした。

そのような場合でも、ホストとホステスは他のお客様のために、なんてことないように振る舞うことが要求されます。そうしてそのような「好ましくない人」は二度と招かないことです。

41
子どもの社交マナー

グローバル社会ではよく子どもたちがお互いの家を行き来します。スポーツやお稽古の帰りに母親たちが交代でお迎えに行って、ついでにご飯まで一緒に食べることもありますし、週末のお泊まり会やお誕生日会などもあります。

そんなとき、多様化が進むグローバル社会では、たとえ子どもであっても共感力を発揮しお互いの違いを尊重するためのいくつかの守るべきルールがあります。

子どもたちの交流の場でのルール

プレイデートや食事にお呼ばれしたときのルール

以下のことを頭においておくとよいでしょう。

・**その家のルールを尊重する**
　文化、宗教、経済状況などが違えばいろんなことが違ってきます。自分の家と違っているときは極力相手に合わせること。
・**4つのマジックワード , Hello, Thank you, Please, Excuse me を徹底する**
・**自分の家では普通でも、その家ではないもの、やらないことは要求しない**

お泊まり（Sleep Over）のルール

親の仕事の関係で子どもを預かってほしいときや、単に子ども同士が一緒に過ごしたいときなど、いろんな理由で**「お泊まり会（Sleep Over／スリープオーバー)」**が開かれます。

呼ばれたときは、必要以上に友人から借りなくていいように荷造りします。友人のお母さんの手を煩わせないことが大切です。

我が家ではSleep Overのときは、次のことをルールにしていました。

・お泊まりする家のお母さんにクッキー、チョコレート、香りのいいフレンチソープなどちょっとしたギフトを渡す
・人数が多い場合はスリーピングバッグを持っていく
・タオル、歯ブラシ、歯磨き粉などの基本的なトイレタリーを持っていく
・常用している薬があれば持っていく
・次の日に着る洋服を持っていく
・もしベッドに寝た場合はきちんとベッドメイクする。でもシーツを外す必要はなし
・子どもたちだけでスリープオーバーを決めてしまうのではなく、大人もきちんと間に入って何時に連れて行くか、お迎えに行くか、緊急時の連絡先など確認する
・親は子どものお迎えの時間に遅れないこと
・次は相手のお子さんをスリープオーバーに招待すること
・その家の両親、またはどちらかの親が家にいることが前提で、高校卒業まで親不在のお泊まりは許可しない

お誕生日会のルール

　グローバル社会は多様性重視ですから、気遣いを示す面白いルールもあります。

・招待するときのルール

　娘が通った初等教育の学校では、誕生日会に呼ぶ人数がクラスの半分くらいかそれ以上になるときはクラス全員を招待する、という決まりがありました。

　「自分だけ呼ばれなかった」なんて悲しすぎますし、そんなことはクラス全員の知るところとなります。でも、呼ばれた人が半数以下なら呼ばれなかった人のほうが多いので子どもの心は傷つきません。

　このルールは誰を呼ぶかを決めるときに、非常に役立ちました。

・招待状をもらったときの返信のルール

　招待されたけど行けない場合は、すぐに欠席の連絡をします。

　マナー本には「欠席の理由を説明する必要はない」とありますが、実際欠席の連絡を受けたときに、理由のあるほうが好感を持てました。「行きたいけどどうしても無理」という気持ちが伝わってきたからです。

　ですから我が家では欠席の連絡をする場合は必ず理由をつけています。

・プレゼントのルール

いただいたプレゼントをその場で開けるご家庭もありますが、我が家はみんなが帰ってから開けるようにしていました。とても高価なものを持ってくる子がいたり、買えない子や、忘れてくる子もいたからです。

　ときには「本1冊」と決めたこともありました。低所得者層の子どもに寄付できるおもちゃをプレゼントとしてとお願いしているところもあったし、プレゼントはなし、というご家庭もありました。

　基本のルールは一人として気分を害する子どもがいないようにすることです。

　プレゼントをもらったらきちんと手書きのお礼状をその日のうちか遅くても次の日には郵送します。

・グディーバッグのルール

　お誕生日を主催したら、来てくれた子どもたちにお土産を渡します。これをグディーバッグ Goodie Bag と言いますが、日本でいうお返しですね。中身は高価なものではなく、クッキーとかノートとかそのようなもので十分です。

 ## ペットへの対応

　お呼ばれしたお宅に犬がいた場合、これはペットが大好きな人が多い、アメリカやヨーロッパではよくあることです。

　もしお子さんが犬や猫になれていない場合は、相手に正直にその旨を伝えるほうが良いかと思います。怖い思いをしていてはお互い楽しくありませんものね。

42

社交の場で やってはいけないこと

　グローバル社会にはいろいろな国のいろいろな人たちが集まってきています。そして地域や国によって、**それぞれローカリズムがあります**。当然、その国、その地域独特の「Faux Pas（フォーパ／やってはいけないこと）」もあるのです。

　笑い話で終わる Faux Pas もあれば、最悪の場合罪（犯罪）になるような Faux Pas まであります。これだけで一冊の本になるほどたくさんありますが、ここでは私が最重要だと思うインターナショナルな Faux Pas をいくつか列挙します。

アジア圏の Faux Pas

　娘が２歳になる前に、福島の実家に帰ったときのことです。なんと娘は靴のまま元気に家の中に入って行ってしまったのです。慌てて追いかけて「日本では、お靴を脱ぐんだよ。ほらママも脱いでるでしょ」と教えたのですが、そこに居合わせた叔母たちみんなで大笑いでした。

　弟夫婦が住むタイでは、人の頭に触るのはとても失礼な行為だそうです。王様や仏様を侮辱するようなことを言ったりしたりするのも Faux Pas で、犯罪者となり、禁固刑に処されることもあるといいます。

ヨーロッパ圏のFaux Pas

イギリスではピースサインをフリップさせると屈辱的な意味を持ちます。しかし、ブッシュ（息子）元大統領は、イギリス訪問中にピースサインをフリップしてしまいました。

また、イギリスではクイーン（女王）に触ってはいけないのですが、ミシェル・オバマはイギリス訪問の際、なんとクイーンの背中に手を回し、触ってしまったのです。政治の世界のトップでもこんな間違いを犯します。

そのほか、イタリアの教会では肩と足も膝までカバーすることが求められますし、ドイツとオーストリア、チェコスロバキアではでナチスの敬礼は違法です。

 ## アラブ圏のFaux Pas

親指を立てる（Thumb up）は、ユニバーサルに良いサインのような気がしますが、イランではこれは非常に失礼なサインとなります。

PDA（Public Display of Affection）、つまり公共の場で手を繋いだり、キスをしたりなどの行為はアラブ首長国連邦ではご法度です。

 ## アメリカのFaux Pas

アメリカでは中指を立てることがNGです。

また、日本ではなじみがないチップですが、アメリカでチップを払わないと、場合によってはお店を出た後追いかけられます。

　前述のように「Oh my God!」はよほどの緊急時以外は使わないことを勧めます。代わりに「Oh Boy」とか「Oh my Gosh」とかを使うほうが安全です。

おわりに

　グローバル社会で生きるために、今までとは違った社会で必要となる知識やスキルを身につけていった私のジャーニーを通して「見えないグローバル教養」と「見えるグローバル教養」についてお話しさせていただきました。
「日本と違うなあ」と思うところや「なるほど、そういうことか」と感じるところもあったのではないでしょうか。

　私は自分で飛び込みましたが、これからはみながこの新しい社会で生きていくことになります。

　日本生まれ日本育ちの私と同じように命令や指示に慣れている人もいるでしょう。意見を持たないことが当たり前となっている人も、大きなビジョンなど考えたことのない人も、グローバル社会で生きづらさを感じていたり、一人ぼっちの寂しさを抱えていたり、どう生きたらいいのかわからない人もいるかもしれない。

　私がそうだったように人脈とは自分が利用するためにあると思っている人もいるだろうし、壁の花になっているかもしれない、どうやって変わりゆく社会で「成功のとっかかり」を見つけていいかわからない人もいるでしょう。

　そんな親の姿を見ていると子どもも自然とそうなっていきます。すでに、親として「どうしたらよいのだろう」とジレンマを抱えている人もいるかもしれません。

　英語が話せても、海外経験があっても、それだけではダメだ

った私の姿を通して、これからグローバル社会で生きていくお子さんを育てるときのみなさんのお役に立てるのなら、これほど嬉しいことはありません。

　グローバル社会は敷かれた線路のない世界。ありとあらゆるチャンスにあふれる社会です。そんな可能性と選択肢ある世界で、自分の人生を選び勝ち取っていくお子さんを育むために必要なのがこれらの知識とスキルです。だけど一番大切なのは学ぶことではありません。実践する勇気です。

　読者のみなさま、ここまでお付き合いくださり本当にありがとうございました。

「グローバル社会で役立つ子育て本を書きたい！」と思い立ってから、ふわふわしたアイデアがかっちりと固まるまで辛抱強くお付き合いくださったポプラ社の大塩大さん、本当にありがとうございました。編集協力の肥田倫子さん、大変お世話になりました。
　いつも励ましてくれ最大のサポート体制で応援してくれるアップルシード・エージェンシーのエージェント、宮原陽介さん、中村優子さん、広報担当の鎌田嘉恵さん、最高のチームワークは私の宝です。

　グローバル社会で生きる大切な基礎を作ってくれた日本と、いろんなチャンスに巡り会えたアメリカに感謝しながら、今日もまたパッションと勇気でグローバル社会を生きていきたいと

思います。そして娘にはグローバル教養を駆使して、もっともっと広い世界に羽ばたいていってほしいと思います。

　私を大切に育ててくれた両親。私が選んだ生き方にときにはグローバリズムとローカリズムの狭間で悩むこともあったと思います。でもどんなときも娘である私のことを応援してくれて、本当にありがとう。親の理解がなければ子どもは本当の意味で自由になることはできないから。

　いつか格好いいママの姿を書きたいなと思いつつも、私の失敗談を通して私が学んだこと、見たことをみなさんと共有するのが私にできる一番大切なことだと思っているから、いつも「格好悪いママ」の姿を娘に見せることになってしまいます。
　でもそれも自分らしい姿ですから、ありですよね。なんといってもグローバル社会は多様化社会、だからこんなママがいてもいいのだと思います。
　最後にいつもありのままの私を受け止めてくれる夫ティムと娘スカイに愛を込めて。I love you.

ボーク重子

著者紹介

ボーク重子
（ぼーく・しげこ）

ICF認定ライフコーチ、アートコンサルタント。Shigeko Bork mu project社長。

福島県出身、米・ワシントンDC在住。大学卒業後、外資系企業に勤務。30歳の誕生日前に渡英、ロンドンにある美術系大学院サザビーズ・インスティテュート・オブ・アートに入学。現代美術史の修士号を取得後、1998年渡米。結婚、出産を経て「今あるアジアの美しさを伝えたい」という長年の夢を叶え、2004年にアートギャラリーShigeko Bork mu projectをワシントンにオープンする。2年後には、米副大統領夫人やモダンアートで有名な美術館を含むワシントンのVIPを顧客に持つアメリカのトップギャラリストの仲間入りを果たす。

2006年にはワシントンDCでの文化貢献度を評価されオバマ大統領（当時上院議員）やワシントン・ポスト紙の副社長らと一緒に「ワシントンの美しい25人」にたった一人の日本人として選ばれる。

2011年にはこれまでの経験を活かし女性の応援サイトaskshigeko.comをスタート。以来、アメリカ生活や女性の生き方を読者と一緒に考えてきたが、その経験をもっと活かすべくライフコーチの資格を取得し、現在はアートコンサルティングに加えてライフコーチとしても活躍中。

アメリカ移住を機に、心の強い子どもを育てようと子育て法を模索し、従来とは真逆の能力、非認知能力を育む教育法にたどり着く。この教育法とグローバル社会での知識とスキルを母娘で実践し、娘のスカイは2017年「全米最優秀女子高生」コンテストで優勝、多くのメディアに取りあげられた。

「人生が変わる1分間の深イイ話」（日本テレビ）、「ノンストップ！」（フジテレビ）、「親の顔見たい！ ザ・ワールド」（TBS）、「STEP ONE」（J―WAVE）などのメディア出演多数。また、講演会は毎回募集直後に席が埋まるほどの人気で、これまでに1000人規模の講演会を開催したこともある。

著書に、『世界最高の子育て――「全米最優秀女子高生」を育てた教育法』（ダイヤモンド社）、『SMARTゴール』（祥伝社）、『「非認知能力」の育て方――心の強い幸せな子になる0〜10歳の家庭教育』（小学館）などがある。

Facebook：life coach Shigeko bork

世界基準の子どもの教養

2019年3月19日　第1刷発行
2019年4月19日　第2刷

著者　　ボーク重子
発行者　　千葉　均
編集　　大塩　大
発行所　　株式会社ポプラ社
　　　　　〒102-8519　東京都千代田区麹町4-2-6
　　　　　電話03-5877-8109（営業）　03-5877-8112（編集）
　　　　　一般書事業局ホームページ　www.webasta.jp

印刷・製本　　中央精版印刷株式会社

©Shigeko Bork 2019　Printed in Japan
N.D.C.379/255P/19cm　ISBN978-4-591-16210-1

落丁・乱丁本はお取り替えいたします。小社宛にご連絡ください。電話0120-666-553　受付時間は月〜金曜日、9時〜17時です（祝日・休日は除く）。読者の皆様からのお便りをお待ちしております。いただいたお便りは一般書事業局から著者にお渡しいたします。本書のコピー、スキャン、デジタル化等の無断複製は著作権法上での例外を除き禁じられています。本書を代行業者等の第三者に依頼してスキャンやデジタル化することは、たとえ個人や家庭内での利用であっても著作権法上認められておりません。
P8008230